HASSAN
SADEK

GADDAFI

DIEDERICHS KOMPAKT

Bibliografische Information der Deutschen Bibliothek

Die Deutsche Bibliothek verzeichnet diese Publikation
in der Deutschen Nationalbibliografie;
detaillierte bibliografische Daten sind im Internet
über http://www.dnb.ddb.de abrufbar.

Textredaktion: Andrea Fausel, München
Umschlaggestaltung:
Die Werkstatt München / Weiss · Zembsch
unter Verwendung eines Fotos von Corbis, Düsseldorf
Produktion: Ortrud Müller
Satz: EDV-Fotosatz Huber/
Verlagsservice G. Pfeifer, Germering
Druck und Bindung: J. P. Himmer, Augsburg
Printed in Germany 2005
ISBN 3-7205-2645-3

HASSAN SADEK

GADDAFI

INHALT

KARTE UND KASTENTEXTE

EINFÜHRUNG

Strippenzieher des internationalen Terrorismus, irrationaler Despot und Enfant Terrible der Weltpolitik – Schurkenstaat-Analysen und Schauergeschichten aus dem politischen Gruselkabinett prägen die westliche Wahrnehmung des libyschen Revolutionsführers Muammar al-Gaddafi. Vor allem für konservative westliche Politiker und Beobachter reduzierte sich das Phänomen Gaddafi häufig auf die Terrorismusthematik und Kapriolen in der Außenpolitik. Was ihn jenseits seines unorthodoxen und eigenständigen Weges zum Feind der internationalen Staatengemeinschaft machte, war vor allem sein lautstarkes Eintreten für Befreiungsbewegungen in aller Welt. Von der Irisch-Republikanischen Armee (IRA) über palästinensische Gruppierungen bis hin zum Afrikanischen Nationalkongress (ANC) Nelson Mandelas – sie alle konnten auf Gaddafis tatkräftige Unterstützung zählen. Insbesondere der revolutionäre außenpolitische Kurs Gaddafis mündete in eine Konfrontation mit den USA. Ihren Höhepunkt fand die Auseinandersetzung mit dem amerikanischen Angriff auf Tripolis und Benghazi im April 1986.

Zusätzlich zum Bild des unberechenbaren Diktators finden sich in den Massenmedien auch heute noch in erster Linie skurrile Geschichten über das Oberhaupt des nordafrikanischen Staates. Berichte über Empfänge im Beduinenzelt, die weibliche Garde Gaddafis, die Kamelmilch, die er allmorgendlich zu sich nimmt oder bizarre Auftritte des Libyers dominieren die Spalten der westlichen Presse. Insgesamt herrscht ein Bild Gaddafis als Showstar mit pompöser Agenda vor, der Stoff für ein politisch-parodistisches Kabinettstück zu liefern hat.

Heute hat zur Freude vor allem wirtschaftlicher Kreise die Eiszeit zwischen Gaddafi und dem Westen ein Ende gefunden. Der Revolutionsführer hat eine Kehrtwende in Richtung Europa vollzogen. Seit 2004 macht seine politische Neuorientierung Schlagzeilen. Von seinem Kurswechsel soll in Zukunft vor allem die Wirtschaft profitieren. Milliardenschwere Investitionen in Infrastruktur und Ölindustrie winken, der Tourismus soll angekurbelt, die einseitige Abhängigkeit vom schwarzen Gold reduziert werden.

Zweifellos will Gaddafi verlorenes Terrain wiedergewinnen, Vertrauen schaffen und sein Land aus der Isolation lösen. Den ehemals verkündeten Zielen der libyschen Revolution vom 1. September 1969 scheint er endgültig den Rücken gekehrt zu haben. Den Sozialismus soll er ad acta gelegt und seine Vision einer Einheit der arabischen Welt aufgegeben haben. In der Vergangenheit hatte er versucht, eine politische Union mit anderen arabischen Staaten einzugehen. Sämtliche Anläufe wurden jedoch bitter enttäuscht. Die Vereinigungsbestrebungen mit seinen Nachbarn Ägypten und Tunesien schlugen fehl. Nicht besser erging es den Experimenten mit Syrien, Marokko, dem Sudan und dem südlichen Nachbarstaat Tschad. Doch sein eigenwilliges Modell einer direkten Demokratie ohne Parteien empfiehlt Gaddafi weiterhin anderen Staaten. An Sendungsbewusstsein hat der Revolutionsführer nichts eingebüßt, von Amtsmüdigkeit ist keine Spur zu erkennen. Formell hat Gaddafi kein Amt im libyschen Staat inne, weil »das Volk« regiert. Doch auch nach mehr als 35 Jahren steht der dienstälteste arabische Führer weiterhin an der Spitze des Wüstenstaates und trifft alle wichtigen Entscheidungen selbst.

Die vorliegende einführende Biografie Gaddafis will Aufschluss geben über den Weg des Lenkers alternativer Innen- und Außenpolitik eines arabischen Landes, über die Rolle, die er in Staat, Ideologie und Geschichte für sich in Anspruch nimmt.

Dabei wird die Skizze der Vita eines der umstrittensten Staatsführer des letzten Jahrhunderts verknüpft mit der Schilderung einiger Wegmarken der modernen Geschichte Libyens und dessen Standortbestimmung auf regionaler wie internationaler Bühne. Denn es gibt keinen weiteren Staat im Nahen Osten, dessen Eigenarten und Strukturen so deutlich vom Denken und Handeln seines Oberhauptes geprägt werden. Eine Biografie Gaddafis kann daher nur eine politische sein.

WOHER KOMMT MUAMMAR GADDAFI?

Früh dringen Politik und Ideologie in das Leben des Muammar al-Gaddafi ein. Seine Biografie steht beispielhaft für die vielen Libyer, die in den turbulenten 1950er und 1960er Jahren aufwachsen. Kolonialismus und Unabhängigkeit, arabischer Nationalismus, rasantes wirtschaftliches Wachstum sowie sozialer Umbruch prägen Gaddafis Jugend im 1951 unabhängig gewordenen Königreich Libyen. Die Einnahmen aus den ab 1961 beginnenden Erdölexporten verfünffachen sich von 87 Millionen US-Dollar 1962 auf 424 Millionen US-Dollar im Jahre 1966. Im östlichen Nachbarland Ägypten herrscht seit 1952/54 Gamal Abd al-Nasser (1918–1970), der einen arabischen Sozialismus auf seine Fahnen geschrieben hat. In Syrien und Irak geben revolutionäre Militärs den Ton an. Die Algerier erheben sich 1954 gegen die französische Kolonialmacht und erlangen 1962 ihre Unabhängigkeit.

In dieser Zeit nehmen Gaddafis Traum eines republikanischen Libyen ohne Feudalherrschaft und ausländische Gängelung, seine Vorstellungen von politischer Identität, Gemeinschaft und Staat Konturen an. Seine Kindheitserfahrungen wecken in ihm eine Abwehrhaltung gegen den Westen und die mit ihm verbundenen lokalen Eliten. Seine beduinische Herkunft bestärkt Vorbehalte gegenüber der bürokratischen Struktur des modernen Staates.

Vom Hirtenjungen zum Revolutionär

Als Kind liebt es Gaddafi, den Geschichten über den Kampf gegen die italienischen Kolonialtruppen zu lauschen. Sein Vater erzählt ihm, wie Muammars Großvater während der Invasion der Italiener 1911 gefallen ist, wie er selbst verwundet wird und während der Kolonialzeit in Haft kommt. Vater Mohammed Abd al-Salam bin Hamed bin Mohammed al-Gaddafi, genannt Abu Meniar, gehört den Qadadfa an, einem kleinen Stammesverband arabisierter Berber. Als Viehhirten lebt die Familie in der Großen Sirt-Wüste.

Muammar wird 1942 in einem Zelt nahe der in dieser Wüste gelegenen zentrallibyschen Stadt Sirt geboren. Er ist nach drei Mädchen der erste und einzige Sohn von Abu Meniar (der über 90-jährig im Jahr 1985 stirbt) und Aisha Gaddafi (die 1978 stirbt). Obwohl die Familie arm ist, nimmt der Vater – selbst ein Analphabet – große Mühen auf sich, damit sein Sohn im Alter von zehn Jahren die Volksschule von Sirt besuchen kann. Der junge Gaddafi wächst in einer von beduinischer Kultur und der Wüste geprägten Welt auf, die einen starken Einfluss auf ihn ausübt. Dieser wird sich später neben der Tendenz zum einfachen Leben auch in seinen gesellschaftspolitischen Vorstellungen bemerkbar machen. Als Kind hütet Muammar Kamele und Ziegen, verbringt viel Zeit alleine in der Wüste. Verschlossen, tief religiös, ernst, schweigsam und reserviert – so wird der Vater später den Charakter seines heranwachsenden Sohns beschreiben.

Libyen bis zur Unabhängigkeit

Von 1551 bis 1911 ist Libyen Teil des Osmanischen Reiches. Die Herrschaft übt ein Statthalter des türkischen Sultans aus. Unterbrochen wird diese Periode von der eigenständigen Dynastie des albanischen Offiziers Ahmed Karamanli von 1711 bis 1835. Die türkischen Gouverneure bauen Festungen und errichten Handelsstationen, reformieren die Verwaltung und modernisieren die Infrastruktur.

1911 landen italienische Truppen in Libyen. Sie stoßen auf heftigen Widerstand. Die Bewegung der Senussi – eine Mitte des 19. Jahrhunderts gegründete islamische Reformbewegung – ruft zum Kampf gegen die Eindringlinge auf. Am Ende des Ersten Weltkriegs können die Italiener nur wenige Küstenstädte kontrollieren. Erst 1922, nach der faschistischen Machtübernahme in Rom, wird der Widerstand der revoltierenden libyschen Stämme mit brachialen Mitteln (Konzentrationslager, Einsatz von Kampfgas, Massenhinrichtungen usw.) gebrochen. Die Gefangennahme und Hinrichtung des Organisators des Widerstands, Scheich Omar al-Mukhtar, im Jahr 1931 markiert dessen Ende. Die Zahl der Opfer der italienisch-libyschen Kriege wird auf 300 000 geschätzt. Der Ausbruch des Zweiten Weltkriegs beendet das italienische Kolonisierungsprogramm (Ansiedlung von 70 000 Italienern).

1942, im Zweiten Weltkrieg, werden die Cyrenaika und Tripolitanien von britischen und der Fezzan von französischen Truppen erobert. Nach der britisch-französischen Administration (1943–1951) wird Libyen 1951 eine unabhängige Monarchie mit Mohammed Idris als König.

Als Muammar 14 Jahre alt ist, zieht die Familie südwärts nach Sebha um, in die Hauptstadt der Fezzan-Region. Hier geht Gaddafi ab 1956 in die Mittelschule. Seit der Antike ist Libyen dreigeteilt: Es umfasst die Provinzen Fezzan, Cyrenaika und Tripolitanien. Mitte der 1950er Jahre leben in den Sahara-Territorien Fezzan und Südcyrenaika rund 60 000 Menschen, etwa 750 000 in Tripolitanien sowie 300 000 in der Cyrenaika.

Lehrern und Schülern fällt Gaddafi durch sein leidenschaftliches Interesse für Politik und seine feurigen Reden gegen das libysche Königshaus auf. Jegliches politische Thema oder bedeutende Ereignis greift er als Gelegenheit für politische Agitation und Demonstration auf. So beflügeln ihn etwa die algerische Revolution (ab 1954), der britisch-französisch-israelische Angriff auf Ägypten (1956) oder die Auflösung der ägyptisch-syrischen Union 1961.

Mit Gleichgesinnten diskutiert er Reden des ägyptischen Präsidenten Nasser, die Radio Kairo (»Die Stimme der Araber«) in die arabische Welt ausstrahlt. »Freiheit, Sozialismus, Einheit« ist der Slogan der ägyptischen Revolution von 1952, Nasser seit 1954 ihr unangefochtener Führer. Ägypten übt auch über seine Lehrer, Ärzte und andere Fachleute, die in Libyen arbeiten, einen großen Einfluss auf die Bevölkerung aus.

Die Schulbehörden in Sebha weisen Gaddafi aus, da sie in ihm einen gefährlichen politischen Agitator sehen. Sie verweigern ihm die Schulabgangszeugnisse. Nur mit Hilfe eines einflussreichen Schulfreundes

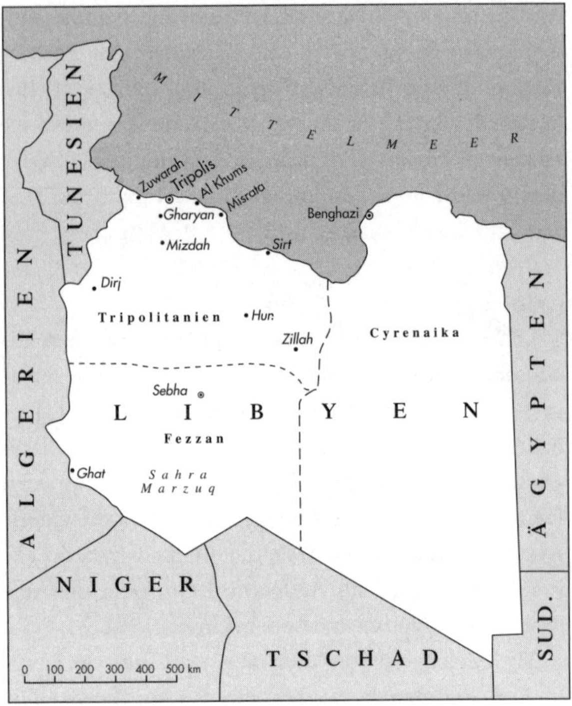

Libyen mit seinen drei Groß-Regionen

gelingt es ihm, die Oberschule fortzusetzen, dieses Mal in der tripolitanischen Küstenstadt Misrata. 1963 macht er seinen Abschluss. Misrata, zu jener Zeit die drittgrößte Stadt des Landes, konfrontiert Gaddafi mit einer neuen Welt. Die Handelsstadt mit einer Oberschicht aus Geschäftsleuten sowie Regierungsbeamten und Arbeitern bildet einen starken Gegensatz zur konservativen, von Stämmen geprägten kleinen Wüstenstadt Sebha. Gaddafi ist irritiert vom sozialen Wandel, der sich mit Beginn des Erdölexports ab 1961 immer schneller vollzieht. Dieser verstärkt die Einkommensunterschiede dramatisch und krempelt die ursprüngliche agrarische Ausrichtung des Landes um.

Die Libysche Königliche Militärakademie in Benghazi nimmt Gaddafi 1963 als Offiziersanwärter auf. Als Leutnant der libyschen Armee schließt er die Militärschule 1965 ab und dient in einer Fernmeldeeinheit. Im englischen Beaconsfield besucht er einen halbjährigen Fortbildungslehrgang. Zu jener Zeit eröffnet die Offizierskarriere insbesondere jungen Männern aus den unteren Schichten der libyschen Gesellschaft soziale Aufstiegschancen. Wie sein Vorbild Nasser sieht Gaddafi eine Karriere in der Armee jedoch nicht nur in rein militärischen Kategorien, sondern als Vehikel zum politischen Wandel.

DER WEG ZUM STURZ DER MONARCHIE

Gaddafis revolutionäre Zellen

Unter dem Einfluss der von Radio Kairo verbreiteten revolutionären Ideen beginnt der junge Offizier den Umsturz des Regimes von König Idris als einzigen Weg zu sehen, der Libyen von Korruption und westlicher Dominanz befreien kann. Gaddafi setzt deshalb Schritt für Schritt die in Sebha und Misrata begonnenen Bemühungen zum Aufbau einer geheimen Organisation fort.

Dabei sollen sowohl ein militärischer wie ein ziviler Arm Eckpfeiler seiner Bewegung werden. Den Startpunkt bildet eine erste politische Studienzelle, die er und seine Mitschüler 1956 in Sebha formten. Jedes Mitglied dieser ersten Zelle gründet dann seinerseits eine eigene Zelle, die so genannte zweite Zelle. In ihr wiederholt das Mitglied die Diskussionen der ersten Zelle. In bester Verschwörungsmanier wissen die Mitglieder der zweiten Zellen nichts über die Zusammensetzung der ersten oder anderer zweiter Zellen. Die Mitgliedschaft ist allerdings nur mit Zustimmung Gaddafis möglich. Diese Vorgehensweise wird nach 1961 in Misrata wiederholt, sodass die regionale Basis der Bewegung erweitert werden kann. Die meisten Mitglieder der zweiten Zellen machen später den Kern des so genannten Bundes der freien unionistischen Offiziere sowie der zivilen Verbündeten der Bewegung aus.

Diesen militärischen Bund, der für den Erfolg des Sturzes der Monarchie den Ausschlag geben wird, baut Gaddafi zwischen 1964 und 1969 auf. Die Geheimorganisation gründet er im August 1964 nach dem Eintritt zahlreicher Gefährten aus dem Umfeld seiner Schultage in Sebha und Misrata in die Militärakademie von Benghazi.

Seine Vertrauten fordert Gaddafi auf, in die Militärakademie einzutreten und auf andere Karrierepläne zu verzichten. Diesem Wunsch folgt etwa Abd al-Salam Jallud, Gaddafis engster Weggefährte und lange Zeit der zweite Mann im zukünftigen revolutionären Staat. Jallud wollte ursprünglich Medizin studieren. Führungsorgan der Freien Offiziere wird 1964 ein zwölfköpfiges Zentralkomitee, das sich nach der Machtübernahme als Revolutionärer Kommandorat mit Gaddafi an der Spitze konstituieren wird.

Die zivilen Verbündeten (Lehrer, Beamte usw.) beginnt Gaddafi zunächst in Sebha und Misrata zu rekrutieren. Ihren entscheidenden Ausbau erhalten die Gruppen ab 1963 in Benghazi. Zu Anhängern Nassers an der dortigen Universität sowie zu Dissidenten in der Cyrenaika knüpfen Gaddafi und seine Gefolgsleute Kontakt. Gaddafi ist als Student der Geschichte an der Hochschule eingeschrieben.

Die Bewegung der Freien Offiziere eint vor allem ihre Empfänglichkeit für die Ideen Gaddafis sowie die Bereitschaft, bei einem Militärcoup mitzumachen.

Die Widersprüche der Monarchie

Der seit 1951 regierende König Idris ist in Gaddafis Augen eine Marionette europäischer Mächte. Sein Regime gilt als feudal und abhängig vom Westen. Die Politik des Königs zielt darauf, seine persönliche Kontrolle zu sichern sowie die traditionellen Stammes- und Religionswerte aufrechtzuerhalten. Dem durch den Ölboom hervorgerufenen schnellen sozialen Wandel ist die Erbmonarchie nicht gewachsen. Innerhalb von weniger als einem Jahrzehnt wird aus dem bettelarmen Libyen der weltweit viertgrößte Exporteur von Rohöl. Die agrarische Produktion geht zurück, die zahlreicher werdenden Zuwanderer vom Land müssen in den Elendsquartieren am Rande der Städte leben. Mit steigendem Reichtum verstärkt sich der Konkurrenzkampf unter den führenden Familien. Bestechung, Vetternwirtschaft und Amtsmissbrauch nehmen zu.

Vor allem jüngere Libyer verlangen nach einer größeren Beteiligung an den politischen Entscheidungen. Arabisch-nationalistische Kräfte erhalten starken Zulauf. Protestierende Studenten werfen der Monarchie vor, nicht deutlich genug einen pro-arabischen Kurs zu fahren sowie Israel gegenüber zu konziliant zu sein. Über das Radio ausgestrahlte Aufrufe Nassers, die ausländischen Militärbasen in Libyen zu schließen, heizen die Stimmung weiter an. Die einsetzende Verschärfung der politischen Repression, Verhaftungen und Säuberungswellen verdeutlichen einmal mehr die Unfähigkeit des Regimes sowie der

König Idris und die Senussi-Monarchie

Mohammed Idris al-Senussi (1890–1983) wird 1951 zum Oberhaupt des vereinten Königreiches Libyen gekürt. Sein Großvater gründete den islamischen Senussi-Orden, der Widerstand gegen die italienische Kolonialherrschaft leistet. Als Spross einer religiösen Familie erhält er eine juristische und theologische Erziehung. Er steigt zum Führer innerhalb der Senussi-Hierarchie auf und genießt Prestige unter religiösen Gruppen und Stämmen. Vor allem auf die Loyalität der Stämme im Osten des Landes kann er sich stützen.

Das Libyen des Mohammed Idris ist eine konservative und paternalistische Monarchie. Familie, Clan, Stamm und Dorf – diese Grundelemente halten die libysche Gesellschaft zusammen. Hinzu kommt eine städtische Komponente. Oberhäupter der großen städtischen Familien, religiöse Führer und Stammesscheichs stehen an der Spitze der gesellschaftlichen Elite.

Zum Zeitpunkt der Unabhängigkeit, 1951, gilt Libyen als einer der ärmsten Staaten der Welt – mit einem Pro-Kopf-Einkommen von weniger als 30 US-Dollar. Großen materiellen Schaden verursachte der Zweite Weltkrieg, in dem die unter den Italienern aufgebaute Infrastruktur zerstört wurde. 90 Prozent der Bevölkerung sind Analphabeten. Bis 1959 Erdöl entdeckt wird. Rasch ändert sich das desolate Bild. Eine schnell wachsende Wirtschaft sowie die Vorherrschaft des Ölsektors bestimmen die weitere Entwicklung.

1969 wird König Idris vom Thron gestoßen. Er betritt nie wieder libyschen Boden und stirbt 1983 im Exil in Kairo.

konservativen Eliten, auf drängende Probleme wie die grassierende Armut angemessen zu reagieren. Die Parteien verbietet König Idris bereits 1952. Die labile Verfassung des Königreiches offenbart auch die Zahl von über zehn Premierministern sowie von über 40 verschiedenen Kabinetten von 1951 bis 1969. Die unter der Monarchie gebildeten Regierungen sind zu schwach und unerfahren, um dem Land ihren Stempel aufzudrücken. Der König pendelt meistens zwischen den Provinzhauptstädten, um das regionale Geflecht an Interessen und Einflusssphären im Gleichgewicht zu halten. An die Westmächte bindet er sich, um gegen arabisch-nationalistische Kräfte bestehen zu können.

Die libysch-arabische Solidarität der Monarchie geht selten über Lippenbekenntnisse hinaus. Es sei denn unter enormem Druck. Etwa aus Nassers Ägypten, das eine Mitgliedschaft des Königreiches in der 1945 gegründeten Arabischen Liga erreichen will, um mehr Einfluss auf die innen- wie außenpolitische Orientierung des Landes nehmen zu können. Schließlich tritt Libyen 1953 der Organisation bei.

Der König setzt jedoch weiterhin konsequent auf enge Beziehungen zu westlichen Mächten. Diese haben vor allem strategische Interessen an Libyen. Die USA unterhalten die Luftwaffenbasis Wheelus Field nahe Tripolis. Ein weiterer Stützpunkt in Nachbarschaft zu Tobruk in der östlichen Provinz Cyrenaika steht unter britischer Flagge. Darüber hinaus kann die Erdölförderung ohne westliche Unterstützung nicht aufrechterhalten werden.

AUF DEN SPUREN NASSERS: DIE SEPTEMBERREVOLUTION

Die Machtübernahme

In der Nacht vom 31. August auf den 1. September 1969 setzt Gaddafi mit seiner Bewegung der Freien Offiziere den Plan für einen militärischen Staatsstreich in die Tat um. Fast ohne Blutvergießen bemächtigen sich seine Anhänger der Schaltstellen im Militär- und Regierungsapparat. Strategisch besetzen sie Verwaltungskomplexe, Militäranlagen und Rundfunkgebäude, verhaften die wichtigsten politischen Führungspersönlichkeiten des Königreiches. Radio Tripolis verkündet dann am frühen Morgen des 1. September die Abschaffung der Monarchie und die Ausrufung der Libyschen Arabischen Republik. Der gestürzte König weilt gerade auf Kururlaub in der Türkei. Seine Zeit als Herrscher über Libyen ist nun endgültig abgelaufen. Zunächst geht er nach Griechenland ins Exil. Mit Zustimmung des ägyptischen Präsidenten nimmt dann das Land am Nil den 79 Jahre alten König auf. Ägypten ist ihm zur zweiten Heimat geworden. Hier hatte er während der italienischen Besatzung Libyens 25 Jahre seines Lebens verbracht.

Die Identität des ideologischen und organisatorischen Initiators der Revolution erfährt die libysche Bevölkerung zunächst nicht. Erst knapp zwei Wochen nach dem Umsturz wird die Bildung eines revolutionären Kommandorates bekannt gegeben und

Gaddafi als Führer dieses Gremiums vorgestellt. Nur wenige Tage zuvor, am 8. September, ernannte der zwölfköpfige Rat Gaddafi zum Oberkommandierenden der libyschen Streitkräfte.

Spontan begrüßt die Bevölkerung den Umsturz. Zahlreiche Demonstranten gehen zugunsten der Republik auf die Straßen. Die Zustimmung gilt jedoch zunächst nicht in erster Linie Gaddafi und seiner Mannschaft. Die Bevölkerung macht vor allem ihrer antimonarchistischen Haltung und ihrem Verlangen nach politischem Wandel Luft. Umstürzlerische Pläne verfolgten auch andere Gruppierungen in der Armee. Geschickt hielt sich Gaddafi mit der Bekanntgabe seines Namens zunächst zurück. Diese Geheimhaltung sollte potenzielle Konkurrenten um die Macht in Schach halten, um Zeit zu gewinnen und seine Position und die seines Rates zu festigen.

Ägypten im Fokus

Auf die Anerkennung durch seine arabischen Nachbarn muss die revolutionäre Führung um Gaddafi nicht lange warten. Nur wenige Tage nach dem Militärputsch signalisieren Ägypten, Syrien, Sudan, Irak und Algerien ihre Unterstützung.

Ägypter und Iraker konkurrieren sogleich um Einfluss auf den jungen Putschisten. Den Anfang machen die Repräsentanten des Zweistromlandes. So sucht bereits am 2. September eine irakische Delegation Gaddafi auf. Eine weitere Abordnung, dieses Mal unter Führung von Saddam Hussein, macht knapp zwei Wochen später ihre Aufwartung. Die Iraker stellen dem jungen Oberst Kopien von Gesetzen der irakischen Revolution vor. Sie empfehlen dem Libyer, insbesondere in den Bereichen Militär, Arbeit und Jugend dem irakischen Beispiel zu folgen. Diese Avancen gehen jedoch ins Leere. Bei den Ägyptern macht sich Erleichterung über diesen Misserfolg breit. Ihnen ist nicht entgangen, dass der Irak die Präsenz und den Einfluss Ägyptens in Libyen einzudämmen versucht. Diese Befürchtungen erweisen sich jedoch als unbegründet. Gaddafi setzt ohnehin auf die ägyptische Karte und sieht in Gamal Abd al-Nasser die Inspirationsquelle für die arabisch-nationalistische Bewegung.

Drei Tage nach dem Sturz des libyschen Königs kommen einige Emissäre des Nilstaates mit Gaddafi zusammen. Im Gepäck haben die Ägypter einen Brief ihres Präsidenten. Nasser übersendet darin seine Glückwünsche zu der erfolgreichen Revolution und sichert »grenzenlose Unterstützung« zu. Im Gegenzug beschreibt Gaddafi die Hauptkonturen seiner an Ägypten orientierten Politik.[1] Er und seine Offiziersgefährten – alle ausnahmslos unter 30 Jahre alt – dachten bereits während der Schulzeit über die Revolution nach. Unter ihrer Führung soll die neue Republik mit aller Kraft Ägypten unter die Arme greifen. Das Ziel der arabischen Einheit ist Gaddafi dabei stets Richtschnur politischen Handelns. Für alle Araber bedeutet die libysche Revolution einen Fortschritt, Libyens Erdöl soll in den Dienst der arabischen Sache gestellt werden.

Zaghafte Trippelschritte sind Gaddafis Sache nicht. Während der Unterredung mit den ägyptischen Gesandten drängt er ungeduldig darauf, aus den Nachbarländern Ägypten und Libyen sofort einen einheitlichen Staat zu schaffen – als Vorstufe zur »dringend notwendigen« arabischen Einheit. Ihm ist jedoch bewusst, dass ein solcher Schritt ohne gründliche Planung nicht mit Nassers Zustimmung rechnen kann. Politischen Parteien erteilt er eine deutliche Absage, für ihn sind sie eine Zeitverschwendung und führen zu einer Zersplitterung der Kräfte. Das libysche Volk folgt allein der Idee der arabischen Einheit, trägt der Oberst vor.

Politische Ziele und ideologische Eckpunkte

Gaddafis Fixierung auf die arabische Einheit ist das Leitmotiv und der Rahmen seines zukünftigen Handelns. Ebenfalls in das ideologische Grundrepertoire werden jene Themen aufgenommen, die Gaddafi in den kommenden Wochen des Herbstes 1969 in den Mittelpunkt seiner Erklärungen, Reden und Ansprachen rückt. Den Anfang macht er mit seiner noch anonym vorgetragenen Radioansprache am 1. September. In ihr verdeutlicht er seine Verachtung der »dunklen Nacht« der türkischen und italienischen Besatzungszeit.[2] Sogleich erklärt er die Herrschaft des »reaktionären und korrupten« Regimes der Monarchie, in dem »Cliquenwirtschaft und Verrat« regieren und dessen »Gestank« das libysche Volk »erstickt«, für beendet. Die junge Republik werde von nun an den Weg der »Freiheit, des Sozialismus und der Einheit« einschlagen.

Seine erste große öffentliche Ansprache hält Gaddafi am 16. September 1969 in Benghazi im Gedenken an den 38 Jahre zuvor von den Italienern gehängten libyschen Unabhängigkeitskämpfer und Volkshelden Omar al-Mukhtar. Vehement greift er hier die bestehenden gesellschaftlichen Verhältnisse an und verspricht einen radikalen Wandel sowie die Freiheit des »arabischen libyschen Menschen«. Diese beschreibt er als politische, wirtschaftliche und soziale Freiheit. Sie soll sowohl den »Einzelnen wie das Vaterland« von den »Fesseln der Erniedrigung, Unterdrückung und Sklaverei«, der »Unwissenheit, Armut und Rückständigkeit« erlösen.[3]

Zur Freiheit der Libyer und ihres Landes kommt in Gaddafis politischem Horizont jene der arabischen Nation hinzu. In übertrieben pathetischen Reden geißelt er die »Rückständigkeit der arabischen Nation«, beschwört ihre glorreiche Vergangenheit und bezeichnet die arabische Einheit als einzig gangbaren Weg in eine abermals »ruhmreiche, selbstbestimmte Zukunft«.

Arabische Einheit ist demnach die »historische Antwort« auf die »Herausforderungen des Imperialismus und Zionismus«, die Voraussetzung für die Befreiung Palästinas. Gaddafis Lesart des Nahostkonfliktes zwischen den arabischen Staaten und Israel: Eine geeinte arabische Welt hätte die Entstehung des jüdischen Staates 1948 verhindert. Ob Freundschaft oder Konfrontation – seine Haltung gegenüber Staaten innerhalb wie außerhalb der arabischen Region richtet

Gaddafi nach deren Position in der Palästinafrage aus. Sie bleibt das Koordinatensystem, in das er Freund wie Feind einordnet. Aus seiner antizionistischen und antiisraelischen Position macht der Revolutionär keinen Hehl.

Zur politischen Einheitsmelodie Gaddafis gehört meist die Geißelung der Feinde von »Freiheit« und »Einheit«: Er spricht von vier Jahrhunderten der »Stagnation unter osmanischer Herrschaft, der Ausbeutung durch den europäischen Kolonialismus und Imperialismus, der Korruption und Repression der reaktionären monarchistischen Herrschaft«. Eingang findet dieser ideologische Baustein in das Vorwort der Verfassungserklärung vom 11. Dezember 1969. Darin wird eine »Allianz zwischen reaktionären Kräften und dem Kolonialismus« verantwortlich gemacht für die »Rückständigkeit des libyschen Volkes«.

Auch in dieses Dokument schreiben Gaddafi und seine Mannschaft ihre Absicht hinein, den Kampf gegen diese »reaktionären Kräfte« zu führen, um Hindernisse auf dem Weg der arabischen Einheit auszuräumen. Libyen bestimmen sie darin als Teil der arabischen Nation und Afrikas, den Islam definieren sie als Staatsreligion. Als wirtschaftliche Leitidee wird ein Sozialismus mit Schutz für »nichtausbeuterisches« Privateigentum proklamiert. Die Bürger erhalten Gleichheit vor dem Gesetz und ein Recht auf Arbeit, Bildung und Gesundheitsfürsorge. Im zweiten Teil der Verfassungserklärung wird der Revolutionäre Kommandorat als oberste Autorität der Republik mit exekutiven sowie legislativen Aufgaben bestätigt.

In ein Regierungsprogramm übersetzt stellt Gaddafi fünf politische Leitlinien auf: die vollständige Beseitigung ausländischer Stützpunkte, Neutralität im Ost-West-Koordinatensystem, die nationale sowie umfassende arabische Einheit und die Unterdrückung politischer Parteien. »Wer eine Partei bildet oder sich einer anschließt, verrät die Revolution« – so lautet der Slogan des Kommandorats.

Weitergehende, präzisere Vorstellungen über die Institutionen des neuen Staates sind noch nicht gereift. Gaddafis Ideen über neue kollektive Organe des Wüstenstaates werden sich zwischen 1973 und 1979 herauskristallisieren.

Begegnung mit Nasser

Schließlich ist es so weit. Begleitet von einer Delegation fliegt Gaddafi am 1. Dezember 1969 nach Kairo. Drei Monate nach der Machtübernahme kann der frisch ernannte Revolutionsführer endlich Nassers Hand schütteln. Sein politisches Vorbild heißt den jungen Libyer am Flughafen der ägyptischen Hauptstadt willkommen. Bis zum 4. Dezember tauschen sich die Staatsmänner aus und beraten über die neue libysche Variable in der arabischen Gleichung. Ein Dialog zwischen Lehrer und Schüler läuft ab – man spricht über die libysche und ägyptische Revolution, arabischen Nationalismus, Kolonialismus und den Kampf gegen Israel. Eifrig hat Gaddafi die Reden Nassers auswendig gelernt, nun kann er sie fast wortwörtlich aufsagen.[4] Die Ideen und Ziele des ersten Repräsentanten der arabischen Nationalbestrebungen haben einen tiefen Eindruck auf ihn gemacht.

Gaddafi bietet alle Kapazitäten Libyens für den zukünftigen Kampf gegen Israel an. Zu diesem Zweck ist seine Regierung gerade dabei, einen Handel mit Frankreich über die Lieferung von 110 Mirage-Kampfflugzeugen einzufädeln. Damit soll die Luftwaffe Ägyptens wieder aufgebaut werden. Der Hintergrund: Im Junikrieg (Sechstagekrieg) 1967 sind sämtliche ägyptische Kampfflugzeuge von Israel zerstört worden. Auch für die Finanzierung weiterer Waffenkäufe aus Frankreich steht Gaddafi bereit.

Er schlägt abermals einen sofortigen Zusammenschluss der ägyptischen und libyschen Streitkräfte vor. Nasser gibt sich zurückhaltender, er besteht auf Zeit für ausreichende Planung. Seinem Gast sichert er ein weiteres Mal seine Unterstützung zu. Gaddafi lässt sich auch Ratschläge erteilen, wie er seinen Revolutionären Kommandorat unter Kontrolle halten kann. Am 4. Dezember treten Gaddafi und seine Mannschaft den Heimweg an. Eine Woche später erlässt der Rat – parallel zur Verfassungserklärung – das Gesetz zum »Schutz der Revolution«. Dieses sieht die Höchststrafe (Todesstrafe) für jeden vor, der mit Waffengewalt den Umsturz des neuen revolutionären Regimes betreibt.

Und der erste Versuch dieser Art lässt nicht lange auf sich warten. Angeführt wird er von den Ministern des Inneren und der Verteidigung. Dieser gescheiterte Putsch wirft ein Schlaglicht auf die Spaltung, die auf der höchsten Regierungsebene im Hinblick auf

Nasser und der Nasserismus

Gamal Abd al-Nasser wird 1918 als Sohn eines Postbeamten in der ägyptischen Küstenstadt Alexandria geboren. Er geht in einem kleinen Dorf sowie in Kairo zur Schule. In der Hauptstadt besucht er auch die juristische Fakultät und die Militärakademie. Während des Palästinakrieges 1948 führt er ein Bataillon der ägyptischen Armee an.

Mit Nasser als führendem Kopf stürzt die Gruppe der Freien Offiziere 1952 König Faruk, dessen Herrschaft Nasser für die Rückständigkeit des Landes und die Niederlage in Palästina verantwortlich macht. 1954 wird er als Präsident der ägyptischen Republik zum starken Mann des neuen Regimes. Von 1955 bis 1967 dominiert Nasser die politische Bühne der arabischen Länder. Grundlage seiner enormen Popularität sind zunächst seine erfolgreichen Bemühungen um den Abzug der britischen Truppen aus der Suezkanalzone (1954).

Aus der Verstaatlichung der Suezkanalgesellschaft im Juli 1956 und dem britisch-französisch-israelischen Angriff auf Ägypten im Oktober 1956 geht Nasser als arabischer Held hervor, der dem Westen die Stirn bot. Zudem sucht er die Annäherung an die Sowjetunion als Gegenpol zur westlichen Dominanz. Innerhalb der arabischen Region führt er das Lager der progressiven Staaten an, das in Gegnerschaft steht zur pro-westlichen, größtenteils aus Monarchien bestehenden Seite.

Zur Richtschnur des Nasserismus zählt der arabische Nationalismus – die Auffassung, dass die arabischen Völker aufgrund gemeinsamer Sprache und Geschichte eine Nation bilden. Antiimperialismus sowie eine sozialreformerische Orientierung gehören zu den weiteren Eckpfeilern. Von Nassers Agrarreform profitiert die arme ländliche Bevölkerung, heftige Gegnerschaft kommt von der alten herrschenden Klasse auf dem Land. Die Schattenseiten seines Regimes: Dominanz der Armee, Einheitspartei, Vorherrschaft des Geheimdienstes sowie ineffiziente Staatsbetriebe samt einer neuen Staatsklasse pensionierter Offiziere.

Die Ausrufung der aus Ägypten und Syrien bestehenden Vereinigten Arabischen Republik 1958 markiert den Höhepunkt von Nassers Panarabismus. Diese Bewegung verfolgt das Ziel, die arabischen Völker in eine politische Einheit zu bringen. Nach der irakischen Revolution 1958 soll sich auch der Irak dem neuen Staat anschließen. Er bleibt jedoch unabhängig und Syrien verlässt 1961 die Union.

Nach der Niederlage im Junikrieg 1967 bröckelt Nassers Popularität ab: Israels Luftwaffe zerstört am 5. Juni 1967 mit einem Überraschungsangriff den größten Teil der ägyptischen Kampfflugzeuge am Boden, seine Truppen besetzen die Sinai-Halbinsel. Bereits drei Tage nach Kriegsbeginn stehen sie am Suezkanal. Neben dem Verlust Palästinas, der »Katastrophe von 1948«, geht die Niederlage von 1967 als »Desaster« in die jüngere arabische Geschichte ein.

die Orientierung des Landes besteht. Während die einen fest zur Idee der arabischen Einheit stehen, wollen andere einen stärkeren Akzent auf die libysche Entwicklung setzen.

Die arabische Bühne

Zwei Wochen nach der Begegnung mit Nasser besteigt Gaddafi zum ersten Mal die Bühne arabischer Regionalpolitik. Monarchen, Staatsoberhäupter und Regierungsvertreter versammeln sich zu einem arabischen Gipfeltreffen in der marokkanischen Stadt Rabat. Auf dem Tisch liegen Pläne zur Mobilisierung und Abstimmung der arabischen Kräfte im Kampf gegen Israel. Der jüdische Staat hat seinen Gegnern im Junikrieg 1967 einen vernichtenden Schlag versetzt. Seine Truppen halten die Westbank und den Gazastreifen in Palästina, die ägyptische Sinai-Halbinsel sowie die syrischen Golanhöhen besetzt. Wie so häufig können sich die Versammelten zu keiner einheitlichen Linie durchringen und keinen der zahlreichen vorgestellten Pläne annehmen. Das Treffen wird zu einem Misserfolg, Gaddafi zieht jedoch die Aufmerksamkeit auf sich, denn der junge Revolutionär ergreift das Wort, wann immer es ihm beliebt.[5] Er hält sich an keinerlei diplomatische Gepflogenheiten und spricht die anwesenden Könige mit ihren Vornamen an. Die Situation droht zu eskalieren, als der ägyptische Verteidigungsminister Pläne und Strategien für den zukünftigen Krieg gegen Israel erläutern will. Gaddafi unterbricht ihn und gibt zu bedenken, dass wichtige Geheiminformationen in Gegenwart einiger Staatsoberhäupter mit zweifelhafter Loyalität nicht preisgegeben werden sollten. Denn diese würden sie an Israel verraten. Er beschimpft die Monarchen als »Verräter an der arabischen Sache« und »israelische Agenten«.

Dieser Stil charakterisiert künftig Gaddafis konfrontative Politik gegenüber allen wahren und vermeintlichen Feinden und Bremsern auf dem Weg zur arabischen Einheit sowie im Kampf gegen Israel und eine westliche Einflussnahme in der Region. Verbale Salven auf die Könige von Saudi-Arabien, Marokko und Jordanien abzufeuern, entwickelt sich alsbald zu einem von Gaddafis Markenzeichen.

Der Mentor in Tripolis

Unmittelbar nach der Konferenz in Rabat empfängt Gaddafi Nasser in Tripolis. An diesem 25. Dezember 1969 bleiben alle Geschäfte, Schulen, Banken und Regierungsbüros geschlossen. Stundenlang kriecht die Wagenkolonne des Besuchers im Schneckentempo die Straßen entlang. Schüler und Studenten, Angestellte und Arbeiter säumen die Wege und schwenken libysche und ägyptische Flaggen. Aus allen Ecken des Landes strömen die Menschen in die Stadt. Ganz Libyen scheint auf den Beinen zu sein, um einen Blick auf »seine« Helden zu werfen.

Jenseits aller politischen Töne berührt der Besuch des ägyptischen Präsidenten auch Gaddafis Privatleben. Denn er hat geplant, in Gegenwart seines Mentors zu heiraten. Mit Nasser als Trauzeuge ehelicht Gaddafi Khairiya al-Nuri. Die Offizierstochter wird 1970 Mutter seines ältesten Sohnes Mohammed. Nach dessen Geburt lässt sich Gaddafi von seiner Frau scheiden. Während eines Klinikaufenthaltes lernt er seine zukünftige Frau kennen, die Krankenschwester Safia Farkasch. Aus dieser 1971 geschlossenen Ehe gehen dann fünf Söhne und eine Tochter hervor.

Nassers Besuch bringt Gaddafi auch seinen politischen Zielen einen Schritt näher. Gemeinsam mit dem sudanesischen Staatsoberhaupt führt man in Rabat begonnene Gespräche fort. Ergebnis ist die Tripolis-Charta, die das Trio der Öffentlichkeit am 27. Dezember 1969 vorstellt.

Diese Vereinbarung führt die drei revolutionären Regime in eine so genannte arabische revolutionäre Front zusammen. Dem Sturz der libyschen Monarchie ist gerade einmal drei Monate zuvor ein Militärputsch im Sudan vorausgegangen. Hier hat ebenfalls ein revolutionärer Rat unter Führung von Jafar al-Numairi am 25. Mai 1969 die Macht übernommen und die Ziele Sozialismus, arabische Einheit und Antiimperialismus auf seine Fahnen geschrieben.

Die Tripolis-Erklärung sieht ein oberstes Planungskomitee und ein gemeinsames Sicherheitssystem vor. Regelmäßig wollen sich die drei Staatschefs zu Beratungen treffen. Gaddafi prescht vor und pocht auf weitere Schritte hin zu einer engen politischen Union, findet jedoch weder bei Nasser noch bei Numairi Gehör. Spätere Treffen auf ministerieller Ebene bringen wenig mehr als Zollerleichterungen und erhöhte Bewegungsfreiheit für Arbeitskräfte zwischen den drei Staaten.

Nassers Erbe

Vor versammelter Presse bekräftigt Gaddafi im Februar 1970 sein Ziel, die arabischen Regierungen zur Bildung eines Einheitsstaates zu bewegen. Nur so kann seiner Auffassung nach an die glorreiche Vergangenheit angeknüpft und dem Westen auf gleicher Augenhöhe die Stirn geboten werden. Die Hartnäckigkeit, mit der Gaddafi seine Einheitsvision in die Realität umzusetzen sucht, wird auch in den kommenden Jahren kaum nachlassen. Den Auftrag für diese Aufgabe meint er von Nasser empfangen zu haben. Denn gegen Ende seines Besuches in Libyen richtet sein Vorbild am 19. Juni im Stadion von Benghazi folgende Worte an seine zahlreichen Zuhörer:

> Ich werde euch morgen verlassen. Ich fühle in mir neue Kraft, neues Blut. Ich spüre, dass sich die arabische Nation in euch wiedererkennt und dass sie ihre Bestimmung gefunden hat. Ich verlasse euch mit den Worten: Mein Bruder Muammar al-Gaddafi ist der Verwalter des arabischen Nationalismus, der arabischen Revolution und der arabischen Einheit.[6]

Drei Monate später, am 27. September 1970, erleidet Nasser einen Herzinfarkt. Einen Tag darauf stirbt er. Wie eine Bombe schlägt die Nachricht von seinem Tod in der arabischen Welt ein. Gaddafi begibt sich nach Kairo, um der Beerdigung seines Mentors beizuwohnen. Abertausende seiner Landsleute kommen über die Grenze, um an den Trauerfeierlichkeiten teilzunehmen. Insgesamt erweisen etwa zwei Millionen Menschen Nasser die letzte Ehre.

CHARISMA UND SYMBOLIK: GADDAFI FESTIGT SEINE HERRSCHAFT

In den ersten Monaten nach der Machtübernahme bemühen sich Gaddafi und seine Mannschaft, ihre Macht zu konsolidieren. Dabei können sie sich vor allem auf das Militär verlassen. Die Revolution benötigt jedoch breitere Stützpfeiler. Sie muss die Mehrheit der Bevölkerung für sich gewinnen. Mittel und Wege müssen gefunden werden, um das neue Regime zu legitimieren. Gaddafi und seinem Kommandorat ist nicht entgangen, dass das Militär seine schützende Hand nur so lange über sie halten wird, wie es ihnen gelingt, die Popularität der Revolutionsführung in der Bevölkerung aufrechtzuerhalten. Schließlich war Gaddafis Gruppe nicht die einzige innerhalb der libyschen Armee, die Umsturzpläne verfolgte.

Zwei Wege schlägt Gaddafi ein, um die Bevölkerung auf seine Seite zu ziehen. Zum einen lässt er sie auf vielfältige Weise am neu entstehenden Ölreichtum teilhaben. So werden innerhalb des ersten Jahres der Mindestlohn verdoppelt, die Ausgaben für Gesundheit und Bildung stark erhöht, Wohnen verbilligt und die Arbeiter an den Erträgen ihrer Unternehmen beteiligt. Das Land enteigneter italienischer Besitzer kommt in die Hände libyscher Bauern.

Zum anderen erzielt Gaddafi mit auf Massenversammlungen gehaltenen Reden symbolische Geländegewinne, die er in Loyalität für die Revolution umzumünzen versteht. Die gesamte symbolische Legitimationskraft muss denn auch in der Person Gaddafis konzentriert werden, da die anderen Mitglieder des Kommandorates über wenig politische Ausstrahlung verfügen.

Seine persönliche Führungskraft zu untermauern entspricht zugleich Gaddafis Charakter, sieht der begabte Redner sich doch als charismatischen Revolutionär und Wegweiser, der berechtigterweise Gefolgschaft fordern kann.[7] Und hierbei soll dem alles andere als blass wirkenden Rhetoriker die politische Aura Nassers helfen.

Solange der ägyptische Präsident die politische Bühne beherrscht, weiß Gaddafi um dessen übergroßen Schatten, aus dem er nicht heraustreten kann. Nach dessen Tod empfindet er sich jedoch als seinen natürlichen Erben. Das Straßenbild zieren Porträts, die Nasser und Gaddafi in freundschaftlicher Pose vereint zeigen. Auf Plakatwänden reicht Nasser im Engelsgewand Gaddafi ein gefaltetes Blatt Papier mit der bezeichnenden Aufschrift »Arabischer Nationalismus«. Die Botschaft ist unmissverständlich: Nasser, über 15 Jahre der unumstrittene Führer der arabischen Welt und zweifellos der Nationalheld der libyschen Jugend, hat Gaddafi zu seinem Nachfolger auserkoren. Es ist nun an dem jungen Revolutionär, dieser »heiligen Pflicht« gerecht zu werden.

Mit symbolträchtigen Beschlüssen und Gesten festigt Gaddafi sein Bild in der libyschen Öffentlichkeit. Frühzeitig veranlasst er die Ausweisung der italienischen Siedlerkolonie. Das Eigentum der Gemeinde, zu der etwa 30 000 Menschen gehören, wird im Juni 1970 konfisziert, die Arbeiter vertrieben, Kirchen geschlossen oder in Moscheen umfunktioniert. So geschieht es etwa mit der großen Kathedrale in Tripolis, die am 29. November 1970 in die Gamal-Abd-al-Nasser-Moschee umgewandelt wird. Damit erringt Gaddafi den Sieg in der letzten Schlacht gegen die verhassten Italiener, die Hauptsymbol der traumatischen Kolonialerfahrung und Erniedrigung der Libyer sind.

Ebenso bereitet er der US-amerikanischen und britischen Militärpräsenz im Lande ein Ende. Die letzten Truppen Ihrer Majestät verlassen Libyen am 28. März 1970. Den Tag ihres Abzugs erhebt Gaddafi zum Nationalfeiertag. Die Amerikaner räumen im Juni desselben Jahres ihren Luftwaffenstützpunkt Wheelus Air Base nahe Tripolis. Damit entreißt Gaddafi Libyen dem westlichen Sicherheitssystem und erreicht das Ziel einer politischen Selbstbefreiung und vollständigen Souveränität. In den Augen der meisten Libyer gleicht der Abzug der amerikanischen und britischen »Übermacht« einem Wunder und trägt Gaddafi enorme Popularität ein.

Als Akt kultureller Selbstbehauptung betreibt Gaddafi eine rigorose Arabisierungspolitik und verbietet die Verwendung der lateinischen Schrift. Zur Wiederherstellung der arabisch-islamischen Identität und als Maßnahme gegen die in der Monarchie eingetretene Verwestlichung lässt er Nachtlokale schließen, Zins, Glücksspiel und Alkohol verbieten. Er verfügt einen forcierten Neubau von Moscheen sowie den ausschließlichen Gebrauch des islamischen Kalenders.

Medien im In- und Ausland tragen das ihre dazu bei, Gaddafi als charismatischen Führer zu etablieren. Die libysche Presse setzt ihn als Staatsmann von Weltruf in Szene und bewirkt damit die Unterstützung der Massen für das Regime. Von Anfang an bindet Gaddafi die Medien in den Dienst der Revolution ein.

Geadelt wird er jedoch durch die Verteufelung von Seiten westlicher Medien und ihrer arabischen Unterstützer. Wenn so viele Staaten Gaddafis Auftritte und Handeln fürchten, dann muss – aus der Perspektive der libyschen Bevölkerung – wohl etwas dran sein an seinem außerordentlichen Format. Als er dann im Laufe der nächsten Jahre auch noch die Ölpreisschraube immer weiter nach oben dreht, stilisiert ihn die westliche Presse zum gefürchteten Störenfried und Schurken.

ARABISCHE EINHEIT IN DER PRAXIS

Union mit Ägypten und Syrien

Am 8. November 1970 macht sich Gaddafi abermals auf nach Kairo. Dieses Mal will er mit Ägyptern und Sudanesen über den Tripolis-Pakt beraten. Die Gespräche führt er jetzt mit Nassers Nachfolger Anwar al-Sadat. Auf Geheiß des neuen syrischen Machthabers General Hafez al-Assad schließt sich Ende November auch Syrien den Verhandlungen an.

Als Ergebnis ihrer Unterredungen verkünden die Regierungen von Libyen, Ägypten und Syrien am 17. April 1971 die Bildung der Föderation der arabischen Republiken. Eine innenpolitisch gespannte Lage zwingt den Sudan, sich aus dem Verbund herauszuhalten. Die Tür für eine spätere Mitgliedschaft wird dem nordafrikanischen Staat jedoch offen gehalten. Gaddafi übt Druck auf die sudanesische Regierung aus, um ihre Zusage zur Föderation zu erzwingen. Seine Bemühungen verlaufen aber im Sande.

Das neue Gebilde sieht eine gemeinsame Außenpolitik sowie ein kollektives Militärkommando vor. Eigene diplomatische Beziehungen zu Drittstaaten sowie eigene bewaffnete Streitkräfte der Mitglieder bleiben davon unberührt. Als höchste Autorität wird ein Rat der Staatspräsidenten einberufen. Im Zweijahresrhythmus soll jedes Staatsoberhaupt der drei Länder der Föderation vorstehen.

Ein Bundesparlament mit einer jeweils gleichgroßen Zahl von Vertretern der drei Staaten wird ebenfalls geschaffen. Bis sie zu einer politischen Institution verschmelzen, bleiben die einzelnen Regierungen verantwortlich für das politische Leben in ihren Staaten. Das Trio ernennt Präsident Sadat im Oktober 1971 zum ersten Vorsitzenden des Präsidentenrates, die offizielle Geburtsstunde der neuen Föderation ist für den 1. Januar 1972 vorgesehen.

Parallel zur Föderation der arabischen Republiken baut Gaddafis Führungsmannschaft politische Institutionen im Lande auf. Als Ergebnis ihres so genannten revolutionären Dialogs mit der Bevölkerung stellt sie die Arabische Sozialistische Union (ASU) im Juni 1971 auf die Beine. Diese nach ägyptischem Vorbild gestrickte Einheitspartei soll die Bevölkerung in die neue Politik einbinden. Der gewünschte Mobilisierungserfolg bleibt jedoch aus.

Ebenso bescheiden schreitet die ägyptisch-libysch-syrische Föderation voran. Dennoch: Gaddafi tritt ein in den inneren Zirkel der arabischen Führer. Von seiner Position des selbst ernannten Führers der arabischen Revolution aus diktiert er den arabischen Herrschern seine Visionen. Diese Plattform nutzt er auch, um seine arabischen »Brüder« verbal anzugreifen, wann immer er es für angemessen erachtet.

Auf Destabilisierungskurs

Regelmäßig attackiert Gaddafi die arabischen Könige und beschimpft sie als Werkzeuge des Imperialismus.

Antimonarchistische Aufständische in den betreffenden Ländern können mit seiner tatkräftigen Unterstützung rechnen.

Eine erste gute Gelegenheit dazu tut sich 1971 in Marokko auf. Gaddafi sitzt inzwischen zu Hause fest im Sattel. Knapp zwei Jahre nach der Revolution hat sich die politische und wirtschaftliche Situation in Libyen halbwegs stabilisiert. Am 10. Juli 1971 sickern Nachrichten über einen Umsturzversuch gegen den marokkanischen König Hassan durch. Nun setzt Gaddafi alle Hebel in Bewegung, um die republikanischen Rebellen zu unterstützen. Er fordert die in Libyen stationierten Bomberkommandos der ägyptischen Luftwaffe auf, ihre tödliche Fracht auf den königlichen Palast abzuwerfen. Er »befiehlt« seinem westlichen Nachbarn Algerien, ihm den Luftraum für libysche Kampfflugzeuge zu öffnen. Die Algerier sollen gar eigene Armeeeinheiten in den Kampf gegen den Monarchen schicken. Sogleich wirft er die Propagandamaschine gegen König Hassan an und bezichtigt ihn der Korruption. Doch weder Agypten noch Algerien lassen sich in dieses Abenteuer hineinziehen. Ohnehin findet die Episode ihr abruptes Ende, als der Umsturzversuch missglückt und König Hassan wieder die Kontrolle an sich reißen kann. Nun bricht eine diplomatische Eiszeit zwischen beiden Staaten an.

Versuch mit Sadat

Im Vergleich zum ägyptisch-libysch-sudanesischen Tripolis-Pakt vom Dezember 1969 läuft die eineinhalb

Jahre später entstandene ägyptisch-libysch-syrische Föderation auf einen deutlichen Fortschritt hinaus. Ist im ersten Zusammenschluss nur von einer Koordination der Außenbeziehungen die Rede, so gibt die neue Union eine gemeinsame, einheitliche Außenpolitik vor. Die unterschiedliche Position Israel gegenüber spaltet jedoch Ägypten und Libyen. Während Sadat noch Verhandlungsmöglichkeiten und diplomatische Initiativen auslotet, setzt Gaddafi auf die militärische Karte und einen baldigen Krieg zur Befreiung Palästinas.

Da ihn die nur schleppend voranschreitenden Bemühungen um die arabische Einheit frustrieren, ergreift Gaddafi im Februar 1972 die Initiative. In einem vertraulichen Vorschlag unterbreitet er Sadat die Idee eines »Befreiungsschlages«, nämlich einer sofortigen und vollständigen politischen Union zwischen Libyen und Ägypten. Im März 1972 macht er sich dann auf nach Ägypten, um am Gipfel der Union der arabischen Republiken teilzunehmen. Im Verlauf seines Aufenthaltes im Nilstaat besucht er Militärfabriken, verbringt zwei Tage mit den ägyptischen Streitkräften entlang des Suezkanals, spricht zu Arbeitern und diskutiert mit Offiziellen über die notwendigen Schritte zur Einheit beider Staaten.

Seine Bemühungen scheinen Früchte zu tragen. Während eines Treffens mit Sadat in der libyschen Stadt Benghazi kündigen die beiden Staatschefs Anfang August 1972 an, ihre Länder noch vor dem 1. September 1973 vereinigen zu wollen. Sadat soll der Präsident des neuen Staates und Gaddafi sein

Vize werden. Ein einheitliches politisches Kommando wird etabliert. Neun Komitees sollen die Einheit vorantreiben. In ihnen kommen zum Beispiel die strittigen Punkte über Verfassung, politische Organisation, Finanzen, Verteidigung und ausländische Angelegenheiten zur Sprache. Die tatsächliche Entscheidungsmacht bleibt jedoch weiterhin in den Händen von Gaddafi und Sadat konzentriert.

Kairo wird zur Hauptstadt gekürt. Beide Länder sollen von der Einheit profitieren: das unterentwickelte, unterbevölkerte Libyen von ägyptischer technischer Expertise und Verwaltungswissen. Das bevölkerungsreiche Ägypten würde geostrategische Tiefe nach Westen hin sowie Zugang zu Libyens Erdölreichtum erhalten. Zudem soll die Union nach Auffassung Gaddafis nur die erste Etappe auf dem Wege zu einer vollständigen politischen Einheit der arabischen Nation sein.

Bereits im Oktober 1972 wird jedoch viel Sand in das Einheitsgetriebe gestreut. Gaddafi beansprucht für sich nicht nur den Sessel des Vizepräsidenten. Er wirft ein Auge auf das Oberkommando der Streitkräfte beider Staaten – bei Sadat stößt er damit jedoch auf taube Ohren. Die Kontrolle der Armee entspricht Gaddafis Prestigevorstellungen. Für ihn ist Ägypten nach Nassers Tod eine Nation ohne Führung, Libyen allein erscheint ihm für seine politischen Ideen zu klein. Zu dieser Zeit leben hier etwa zweieinviertel Millionen Menschen. Von dem demografischen Potenzial Ägyptens mit seinen über 30 Millionen Einwohnern ist Libyen also weit entfernt.

Militärische Macht in seinen Händen würde Gaddafi in seiner Wahrnehmung zu einem populären Führer historischen Ausmaßes krönen – zumal im kommenden Kampf gegen Israel. Wie die Mehrheit der Beobachter innerhalb und außerhalb Ägyptens prophezeit Gaddafi Sadats Präsidentschaft nur eine kurze Lebensdauer. Im ehemaligen Vize Nassers sehen die meisten den Statthalter des Übergangs. Sie nehmen Sadat als politisches Leichtgewicht wahr und unterschätzen seine Überlebenskunst.

Die Komitees, die die ägyptisch-libysche Einheit voranbringen sollen, brillieren durch bürokratische Tugenden, Inkompetenz und Ineffizienz. Die Vereinigungsgespräche geraten deutlich ins Stocken, als israelische Kampfflugzeuge im Februar 1973 ein libysches Verkehrsflugzeug abschießen und 110 Menschen sterben. Das zivile Flugzeug hatte den Luftraum über dem von Israel besetzten Sinai verletzt. Wütend verlangt Gaddafi einen sofortigen Vergeltungsschlag. Sadat bezweifelt den Sinn einer derartigen Reaktion und winkt ab. Es kommt jetzt zu anti-ägyptischen Demonstrationen in Libyen, im Land arbeitende ägyptische Bürger werden als fünfte Kolonne Israels beschimpft.

Das Scheitern der ägyptisch-libyschen Union

Eigentlich sollen die ägyptisch-libyschen Komitees im April 1973 das Ergebnis ihrer Arbeit vorstellen. Am 15. April jedoch bringt Gaddafi einen politischen Stein ins Rollen, der ihn und Ägypten entzweien wird. An jenem Tag gibt er in einer programmatischen Rede den Startschuss für die so genannte Volks- und Kulturrevolution in Libyen. Was Gaddafi jetzt in der westlibyschen Stadt Zuwara vorschlägt, verlässt eindeutig den politischen Boden der ASU. Seine in die Einheitspartei gesteckten Hoffnungen auf aktive Beteiligung seiner Landsleute am gesellschaftlichen Umbauprozess erfüllen sich nicht. Das Volk hinkt den von ihm mehrfach formulierten Zielen der Entwicklungsrevolution in Landwirtschaft, Bildung und Gesundheitswesen hinterher. Vom Mobilisierungsdefizit des Bürokratie-Wasserkopfs ASU enttäuscht, ruft Gaddafi daher die Bevölkerung auf, so genannte Volkskomitees zu gründen und die Macht an sich zu reißen. In ganz Libyen sollen solche Komitees gewählt werden und die Leitung in Schulen, Universitäten und Betrieben, auf dem Lande und in den Städten übernehmen. Davon ausgenommen sind freilich die Regierungsinstitutionen (Ministerien usw.). In den nächsten Monaten herrschen chaotische und unüberschaubare Verhältnisse. Bis September etablieren sich über 1000 Komitees. Ihre (Verwaltungs-)Kompetenzen setzt die Revolutionsführung nach einer halbjährigen Experimentierphase im Oktober 1973 gesetzlich fest.

In Gegenwart der aus dem arabischen und anderen Ausland nach Libyen strömenden und staunenden Journalisten doziert Gaddafi über die politische Neuausrichtung. Demnach hat die Revolution vom September 1969 die Grundlage für die sich in vollem Gange befindende Volksrevolution geschaffen. Denn das Volk müsse jetzt in die Lage versetzt werden, sich selbst zu regieren.

Im Juni 1973 unternimmt Gaddafi eine Reise in den Nilstaat, um beim ägyptischen Publikum für seine Ideen zu werben. Im Laufe seines langen Aufenthaltes aber wird ihm klar: Die ägyptische Gesellschaft teilt weder seine politischen Ansichten noch seine Einheitsvisionen. Sie würde ihm die Gefolgschaft verweigern. Auch Sadat und die ägyptische Führungsschicht wollen von Gaddafis Volksrevolution nichts wissen. Bei ähnlich zugrunde gelegten libyschen Proportionen – also ein Komitee je 1000 Einwohner – müsste die ägyptische Regierung mit 33 000 Komitees in ihrem Land zurechtkommen.

Gaddafi setzt zum nächsten Überzeugungsmanöver an und ordnet einen »Marsch für die Einheit« an. Eine Fahrzeugkolonne mit etwa 30 000 Menschen macht sich von der libysch-tunesischen Grenze aus auf den Weg nach Ägypten, um die sofortige politische Vereinigung beider Länder zu fordern. Dieser so genannte »Grüne Marsch« währt jedoch nicht lange. Weit ins östliche Nachbarland kommt die Blechschlange nicht, Sadat lässt sie am ägyptischen Grenzgebiet stoppen.

Letzten Endes scheitert die Union auch am fehlenden Vertrauensverhältnis zwischen Sadat und Gaddafi. Der Oberst misstraut den Motiven des ägyptischen Staatschefs und hält ihn mitnichten für einen Revolutionär vom Schlage Nassers. Sadat hingegen sind Gaddafis Eifer und Ambitionen suspekt, als Person nimmt er ihn nicht sonderlich ernst. Ohnehin orientiert er sich jetzt politisch neu und geht auf die konservative Monarchie Saudi-Arabien und die USA zu. Als Zeichen der Annäherung schickt er bereits 1972 die 20 000 in Ägypten tätigen sowjetischen Militärberater nach Hause.

Der Oktoberkrieg (Jom-Kippur-Krieg) 1973

Zu Beginn seiner Präsidentschaft lotet Sadat über einen indirekten Verhandlungskanal die Möglichkeit von Friedensgesprächen mit Israel aus. Als die Israelis sich Sadats Friedensofferten gegenüber taub stellen, sieht er den Krieg als einzigen Ausweg, um die in der Juni-Niederlage von 1967 verlorene Sinai-Halbinsel wieder gewinnen zu können. Unter dem Deckmantel der Föderation der arabischen Republiken trifft er mit Syriens Präsident Assad geheime Vorbereitungen für einen Angriff auf die beiden israelisch besetzten Gebiete, den Sinai und die syrischen Golanhöhen. Obwohl Libyens Ölreichtum der Wiederbewaffnung Ägyptens und Syriens auf die Sprünge hilft, schließen Sadat und Assad Gaddafi von ihren militärischen Planungen aus. Informiert werden dagegen die Könige Saudi-Arabiens und Jordaniens, Feisal und Hussein. Am 6. Oktober 1973 überqueren die ägyptischen Truppen erfolgreich den Suezkanal, von dem sich die Israelis zurückziehen müssen. Trotz der am 9. Oktober beginnenden israelischen Gegenattacke, die die arabischen Armeen erfolgreich zurückdrängt, hält man in der arabischen Welt die Ehre Ägyptens für wiederhergestellt und Sadats

Statur und Prestige gefestigt. Das neu erworbene politische Kapital will Sadat einsetzen, um Ägypten aus der arabischen Kriegsfront gegen Israel zu lösen und verlorenes Territorium wieder zu sichern.

Gaddafi fühlt sich von der Führung Ägyptens und Syriens übergangen und zum Juniorpartner in der Föderation der arabischen Republiken herabgestuft. Deren Statut schreibt schließlich in Fragen des Friedens und Krieges eine gemeinsame Entscheidung vor. Der ohne Gaddafi getroffene Entschluss zum Angriff kommt also einer persönlichen Kränkung gleich. Er kratzt zudem an seinem Bild als Führungspersönlichkeit in der arabischen Politik. Die Folge: Der Bruch mit Sadat ist vollzogen.

Der tunesische Blindgänger

Von Sadat und Assad ist Gaddafi bitter enttäuscht. Er lehnt die aus seiner Sicht begrenzten Ziele des Oktoberkrieges ab. Sadats Kriegskalkulation geht hingegen auf. Mit dem Überraschungsangriff am 6. Oktober zielt er darauf ab, Bewegung in die zuvor politisch festgefahrene Lage im Konflikt mit Israel zu bringen. In Sadats Sinne fordert der Sicherheitsrat der Vereinten Nationen per Resolution (Nr. 388 vom 22. Oktober 1973) die Kriegsparteien Ägypten, Israel und Syrien nicht nur zum Waffenstillstand auf. Er ermahnt sie darin ebenso zur unverzüglichen Umsetzung seiner Resolution 242 (22. November 1967). Diese schreibt unter anderem den israelischen Rückzug aus den seit Juni 1967 besetzten Gebieten vor. Sadat nimmt die

Resolution an, Gaddafi lehnt sowohl den neuen wie weiterhin den alten Beschluss ab.

Er wendet sich nun seinen westlichen Nachbarn zu, wobei sein Hauptaugenmerk auf Tunesien liegt. Mit der nordwestlich von Libyen gelegenen Republik hat er bereits im Dezember 1972 einen Anlauf zur Vereinigung gemacht. Im Januar 1974 scheint er endlich die Ernte einfahren zu können. Auf der tunesischen Insel Djerba unterschreibt er ein Abkommen, das die Grundlage bilden soll für nichts Geringeres als eine »einheitliche Republik mit einer einzigen Verfassung, einem einzigen Präsidenten, einer einzigen Armee und denselben Institutionen in Gesetzgebung, Regierung und Rechtsprechung«. Beide Staaten sollen vollständig in einen neuen übergehen. Die im Januar ausgerufene so genannte arabisch-islamische Republik erweist sich jedoch bald als Totgeburt. Denn kaum ist der tunesische Premierminister von einer Auslandsreise in die Heimat zurückgekehrt, entmachtet er den für die tunesische Zusage verantwortlichen Außenminister und lässt die Vereinbarung wirkungslos im Sande verlaufen. Auch bei einem von libyscher Seite angestrengten neuerlichen Anlauf im Dezember 1974 bleibt es bei toten Buchstaben.

Eine kaum glücklichere Hand beweist Gaddafi in seinem Werben um den großen Nachbarn Algerien. Hier läuft es 1973 auf kaum mehr als die Errichtung einer gemeinsamen Kommission hinaus, die Chancen für eine enge Zusammenarbeit ausloten soll. Immerhin führen die Verhandlungen 1975 zu einem Verteidigungspakt zwischen beiden Staaten.

Für Gaddafi ist der arabische Westen ohnehin bloß zweite Wahl. Mit seinen Einheitsambitionen schielt er zuallererst auf den Osten. Hier befindet sich die Wiege des Islams, liegt der Ursprung des arabischen Nationalismus, lebt die arabische Sprache und Kultur. Außerdem verläuft im arabischen Osten die Front im Kampf gegen Israel.

GADDAFIS VOLKSHERRSCHAFT

Auf den ersten Blick scheint 1973 als das Jahr der unerfüllten Hoffnungen, des geplatzten Traums von der arabischen Einheit. Tatsächlich aber werden zwei wichtige Grundsteine gelegt für Entwicklungen, die das politische Leben Gaddafis bis in das 21. Jahrhundert hinein bestimmen werden.

Zum einen offenbart sich Gaddafi in diesem Jahr als Schöpfer eigenwilliger politischer Institutionen. Mit dem Startschuss zur Volksrevolution im April 1973 forciert er seinen ideologischen Zugriff auf die libysche Politik. Er formt das Staatsgefüge nach eigenem Gusto und Prinzipien, die bis in die Gegenwart hinein Bestand haben werden. Zum anderen fällt ihm eine wirkungsvolle Waffe in den Schoß, die seinen Handlungsspielraum finanziell enorm erweitern wird: die Erdölpreisschraube. Sie lässt die Einnahmen aus dem Erdölexport in die Höhe schießen.

Die Waffe Öl

Als Ausdruck der ökonomischen Selbstbehauptung verstaatlicht der revolutionäre Kommandorat bereits ab Mitte November 1969 ausländische Firmen (Banken, Versicherungen usw.). In den darauf folgenden drei Jahren werden dann Schritt für Schritt die ausländischen Ölfirmen ebenfalls in staatliche Hand überführt. Im Sog der Nationalisierung der Ölindustrie steigt 1973 der Preis für ein Barrel libysches Erdöl auf 3,47 US-Dollar. Diese Steigerung von 35 Prozent gegenüber dem Preis von 1971 ist aber nur der Anfang.

1973 ist auch das Jahr der beginnenden Ölkrise und der diplomatischen sowie wirtschaftlichen Siege der Organisation Erdöl exportierender Länder (OPEC) über den Westen. Hier reiht sich Gaddafi in vorderster Linie ein. Denn in der Folge des Oktoberkrieges 1973 beschließen die arabischen Erdölländer ein Exportembargo gegen alle Israel unterstützenden Staaten zu verhängen – also insbesondere gegen die USA. Zudem werden Produktionssenkungen vereinbart. Libyen reduziert seine gesamte Produktion um fünf Prozent und setzt den Preis für ein Barrel Öl von 4,6 US-Dollar auf 8,9 US-Dollar hoch.

Das schwarze Gold lässt die libysche Staatskasse klingeln. Im Zuge der enormen Preissteigerungen werden die Öleinnahmen des Wüstenstaates am Ende des Jahrzehnts (1980) auf 22 Milliarden US-Dollar in die Höhe schießen. 1970 sprudelten noch bescheidene 1,5 Milliarden US-Dollar in die Kasse. Die enormen Preissteigerungen hieven das Land auf Platz eins in Afrika – mit dem höchsten Bruttosozialprodukt pro Kopf im Jahr 1978 (6910 US-Dollar). Die zentrale nationale Ressource wird zur wichtigsten wirtschaftlichen Grundlage für Gaddafis politischen Aktivismus. Innen- wie außenpolitisch wird er es verstehen, seinen erweiterten Aktionsraum zu besetzen.

Einfluss in Afrika – Triumph über Israel

Gegen Ende des Jahres 1973 weitet Gaddafi seine Einflusssphäre in Afrika erheblich aus. Zunächst stockt er die Finanzspritzen für jene Staaten und Bewegungen auf, die er in die gemeinsame Allianz gegen die von den USA geführte westliche Welt eingebunden sieht. So erhöht er zum Beispiel die Hilfen für Befreiungsbewegungen in Angola und Mosambik, die gegen das in diesen Ländern bis 1975 als Kolonialmacht herrschende Portugal kämpfen. Ebenso greift er dem ANC Nelson Mandelas und anderen Gruppierungen im Kampf gegen das südafrikanische Apartheidregime unter die Arme.

Auf afrikanischem Boden kann Gaddafi auch einen diplomatischen Sieg über Israel erringen. Mit dem Einsatz des Erdölpreises als politischer Waffe gelingt es ihm nach dem Oktoberkrieg 1973, die israelische Position auf dem afrikanischen Kontinent deutlich zu schwächen.

In den 1960er Jahren war es Israel Stück für Stück gelungen, diplomatische Beziehungen zu 29 afrikanischen Staaten aufzunehmen. Das Land verfügt 1970 über mehr Vertretungen in Afrika als die arabischen Staaten zusammengenommen. Im Mittelpunkt stehen diplomatische Beziehungen, Handel und Entwicklungshilfe, Hauptpartner ist dabei Südafrika.

In Israels afrikanischer Präsenz wittert Gaddafi eine fünfte Kolonne hinter den arabischen Frontlinien. Dagegen setzt er alle Hebel in Bewegung, denn neben der religiösen Mission und der regionalen Dominanz zählt die Eindämmung des westlichen sowie israelischen Einflusses zu den Eckpfeilern seiner Afrikapolitik. Die seit 1970 schrittweise geknüpften Beziehungen zu seinen afrikanischen Nachbarn kann er nach dem Oktoberkrieg 1973 erfolgreich erweitern. Im Anschluss an den Waffengang und das Erdölembargo fassen mehr als 20 afrikanische Staaten den Entschluss, ihre Neutralität in der Palästinafrage zur Sicherung arabischer finanzieller Hilfen aufzugeben und mit Israel diplomatisch zu brechen. Nur eine Hand voll Mitglieder der Organisation Afrikanische Einheit (OAU) schert aus und hält Israel weiterhin die Treue.

Während also Gaddafi im Kampf um Palästina auf arabischem Terrain kaum Fortschritte erringt, kann er sich Ende 1973 in seinem zu Lasten Israels erzielten Erfolg auf afrikanischem Boden sonnen.

Die Volksmassen

In seiner Lesart der jüngsten Ereignisse läutet Gaddafi 1973 den Beginn des Zeitalters der Massen ein. Dieser Begriff übt eine starke Anziehungskraft auf sein politisches Denken aus und entwickelt sich zur Schlüsselkomponente seiner Ideologie. Seiner Auffassung nach beschneiden alle bestehenden politischen Systeme in der arabischen Region den Willen der Massen, die ersehnte Einheit zu erringen. Solange die traditionellen Systeme in der arabischen Welt verankert bleiben, solange wird sich der Wille ihrer Völker keinen Ausdruck verschaffen können. Nur eine direkte Demokratie birgt dieses Potenzial in sich. Diese muss auf den Trümmern existierender politischer Institutionen entstehen. Auf den Müllhaufen der Geschichte gehören politische Parteien, Parlamente und andere repräsentative Institutionen. Aus Gaddafis Blickwinkel verfälschen auch Parlamente westlichen Zuschnitts den Volkswillen, sind nur Instrumente in der Hand der Mächtigen. Alle diese »Perversionen der wahren Demokratie« müssen daher den Weg frei machen für die Demokratie und Herrschaft der Massen. Ins Zentrum seiner Weltanschauung rücken so genannte Volkskonferenzen als gesetzgebende und Volkskomitees als ausführende Organe des Volkswillens.

»Regime interessieren mich nicht mehr, ich spreche direkt zu den arabischen Massen«[8] – von nun an gedenkt Gaddafi, über die Köpfe der arabischen Staatsoberhäupter hinweg den Kontakt zu den arabischen Bevölkerungen zu suchen. Seine Sprache ist jene der arabischen Straße und Massen. Sein neuer politischer Stil treibt sogleich Sorgenfalten auf die Stirn seiner Nachbarn. Ungeniert schwingt er antimonarchistische und antiwestliche Reden, beschimpft arabische Staatschefs als Lakaien des amerikanischen Imperialismus und mischt sich in ihre inneren Angelegenheiten ein.

Fehlschläge und Weichenstellungen

In den Jahren 1973 bis 1979 wird Schritt für Schritt, Baustein auf Baustein der erste »Staat der Volksmassen« etabliert. Mit ihm will Gaddafi die Kapitel Monarchie und Republik endgültig schließen und das Zeitalter der Massen im eigenen Land einläuten. Als Fundament und ideologischer Steinbruch dient dabei sein Modell einer auf Konferenzen und Komitees aufgebauten direkten Demokratie. Dieses Modell begründet auch Gaddafis ausgeprägtes ideologisches Sendungsbewusstsein, bleibt Dreh- und Angelpunkt seiner in alle Welt hinausgetragenen Botschaft. Libyen wird zu seinem politischen Experimentierfeld. Den finanziellen Spielraum erweitern dabei die über die Jahre stetig steigenden Exporteinnahmen.

Der Ausgangspunkt seiner eigenwilligen Ideen liegt in den ersten Jahren der Revolution. Früh geißelt Gaddafi Apathie und Gleichgültigkeit in Verwaltung und Bevölkerung, formuliert Strategien zur Mobilisierung seiner Landsleute. Am Horizont erhofft er sich Libyer, die die Modernisierung und den gesellschaftlichen Umbau aktiv in die Hand nehmen und von den Revolutionszielen »Freiheit, Sozialismus, Einheit« geleitet werden.

Keineswegs redet er damit einer Demokratisierung das Wort. Bereits in einer Ansprache im November 1969 schiebt er die vermeintliche politische Unreife seines Volkes vor, um seine Ablehnung der repräsentativen Demokratie zu untermauern.

In seinen zahlreichen Reden und Beschlüssen zweifelsfrei dokumentiert ist jedoch seine Absicht, die libysche Bevölkerung am Reichtum teilhaben zu lassen und ihren Lebensstandard durch Wohnungsbau, Ausgaben für Gesundheit und Bildung zu heben. Unbeirrt versucht er, die Massen für seine revolutionären sozialistischen Umgestaltungsideen zu mobilisieren – oder sie vielmehr für den von oben diktierten Prozess zu gewinnen.

Mit diesen Bemühungen eng verzahnt und sie letztlich überragend tritt die machtpolitische Triebfeder Gaddafis in den Vordergrund. Von Anfang an zielt sein Wirken darauf ab, zum einen seine Führungsposition im revolutionären Kommandorat zu festigen. Zum anderen schaltet er politische Gegner aus, um diesen Rat als einzige Institution der Vermittlung zwischen Staat und Gesellschaft zu etablieren.

Bald gewinnt er die Oberhand, entwickelt sich zur unumstrittenen Führungsfigur innerhalb dieses höchsten Gremiums der Revolution, zur dominierenden Persönlichkeit des neuen Staates, die ihre politische Agenda durchsetzen kann.

Ein logischer Schritt ist daher die Gründung der Einheitspartei ASU. Ihr Start markiert einen ersten institutionellen Gehversuch Gaddafis. Mit ihrer Hilfe will er ein dichtes Netzwerk von Gefolgsleuten knüpfen, seine Initiativen in politische Wirklichkeit umsetzen. Aber die im Juni 1971 aus der Taufe gehobene ASU enttäuscht ihn auf der ganzen Linie. Statt sich zu einem kraftvollen Instrument der Mobilisierung der Bevölkerung zu entwickeln, schlittert die Organisation tief hinein in den Bürokratiesumpf.

Außerdem vermag sie es nicht, die entscheidenden gesellschaftlichen Gruppen zur Mitarbeit zu bewegen, also Vertreter der Mittelschicht, Händler, Intellektuelle und Studenten. Diese verweigern ihre aktive Mitarbeit und stehen dem innen- wie außenpolitischen Kurs des Kommandorats kritisch gegenüber.

Kein Wunder, denn die Einheitspartei erweist sich als willige Helferin bei der Rechtfertigung und Durchsetzung einer Reihe repressiver Gesetze. Zum Beispiel des Gesetzes vom Mai 1972, das politische Aktivitäten außerhalb des Rahmens der ASU unter Todesstrafe stellt. Und das zu einem Zeitpunkt, da sich die libysche Gesellschaft öffentlich den Kopf zerbricht über Demokratie und politische Institutionen.

Dritte Universale Theorie und Volksherrschaft

Inzwischen brütet Gaddafi über den ideologischen Grundlagen seiner Politik. Ab September 1972 stellt er Grundzüge seiner »Dritten Theorie« vor. Diese Bezeichnung wählt er, da er eine alternative Theorie für die Dritte Welt jenseits des Kapitalismus (Erste Welt, erste Theorie) und Kommunismus (Zweite Welt, zweite Theorie) ins Auge fasst. Im Dialog zwischen Führung und Bevölkerung erläutert Gaddafi auch deren umfassendere philosophische Aspekte sowie den Anspruch auf universale Geltung. Die Dritte Universale Theorie (DUT) soll die in zahlreichen Reden und Ansprachen formulierten Ziele der Revolution – Freiheit, Sozialismus, Einheit – in ein schlüssiges Ganzes zusammenführen.

Die Passivität und Indifferenz seiner Untertanen im Blick, mahnt Gaddafi am 15. April 1973 an:

> Wenn Ihr die arabische Einheit, Freiheit und Sozialismus wollt, wenn Ihr Frieden wollt und positiven Neutralismus, dann ist es notwendig, dass Ihr selbst eure Einstellung im Inneren ändert … Ich sage euch, dass die revolutionären Errungenschaften, deren Verwirklichung wir wollen, bedroht sind, wenn Ihr weiter so handelt wie bisher … Es gibt zwei Möglichkeiten: Entweder wir beginnen mit etwas Neuem oder wir beenden die ganze Sache, rufen den immer noch lebenden König Idris und den Kronprinzen zurück … Entweder, es gibt eine Revolution oder Ihr verlasst mich und ich lebe als Individuum wie Ihr und Ihr lebt wie Ihr wollt, und es gibt keine Revolution.[9]

Fünf Vorhaben kündigt Gaddafi in dieser auf der Grundlage der DUT stehenden programmatischen Rede an. Er beschließt alle Gesetze aufzuheben, die dem »Geist der Revolution« widersprechen, das Land von »politisch Kranken« (Konterrevolutionären, Reaktionären, usw.) zu »reinigen«, die Volksmassen zum »Schutz der Revolution« zu bewaffnen, eine administrative Revolution (Gründung von Volkskomitees) mit dem Ziel der »Zerstorung der Bourgeoisie und Bürokratie« sowie eine Kulturrevolution zur Rückbesinnung auf die arabisch-islamischen Wurzeln einzuleiten.

Die vom Mai bis November 1973 überall im Land sprießenden Volkskomitees knöpfen sich in der ersten Phase der Volksrevolution die Machtpositionen innerhalb der Bürokratie vor. Zahlreiche von Gaddafi als revolutionsfeindlich eingestufte Bürgermeister und Manager werden aus ihren Ämtern entfernt. Im zweiten Schritt übernehmen Volkskomitees öffentliche Institutionen und Organisationen. Das schließt etwa die Radio- und Fernsehstationen sowie die nationale Fluggesellschaft mit ein. Im August und September 1973 werden Provinzgouverneure ihrer Ämter enthoben. Die Rede Gaddafis mobilisiert seine Anhänger und spornt sie an, Schlüsselpositionen in der Verwaltung an sich zu reißen. Regierungsinstitutionen bleiben tabu für eine Übernahme durch Volkskomitees.

Vom April 1974 bis Anfang 1975 nimmt sich Gaddafi eine politische Auszeit, widmet sich konzentriert ideologischen Aufgaben und arbeitet die Grundlagen des neuen institutionellen Gefüges aus. Sein Vertreter Jallud springt für ihn ein und übernimmt die Leitung der Regierungsgeschäfte. Als Ergebnis stellt Gaddafi im Mai 1975 den ersten Teil seines so genannten Grünen Buches vor. Das 1976 veröffentlichte Werk fasst die politischen Grundlagen der Dritten Universalen Theorie zusammen und bietet die »Lösung des Demokratieproblems«.

Inzwischen hat sich Widerstand gegen Gaddafis Neuausrichtung formiert. Der Riss geht mitten durch den revolutionären Kommandorat. 1974 nehmen die Spannungen an Heftigkeit zu. Aus der Sicht des technokratischen Flügels wirft Gaddafis ideologischer Zugriff auf die Politik die libysche Wirtschaft aus der Bahn. Ein Dorn im Auge ist ihm die mit dem Dreijahresplan 1973 bis 1975 einhergehende, von Gaddafi forcierte Beschneidung des kapitalistischen Wirtschaftsbereichs. Schließlich wagen seine Widersacher im August 1975 den Aufstand und versuchen, Gaddafi zu entmachten. Mehrere Mitglieder des revolutionären Kommandorats sowie der Generalsekretär der ASU beteiligen sich daran. Nach deren Scheitern schrumpft der Kommandorat auf fünf Mitglieder inklusive Gaddafi zusammen.

Von politischem Gegenwind und Zwang zur Kompromissbereitschaft befreit, kann sich Gaddafi jetzt noch klarer durchsetzen. Parallel zu den Vorarbeiten zum politischen Umbau des Systems tritt der Staat wirtschaftlich stärker in Erscheinung. Im September 1975 entstehen in einigen Wirtschaftsbranchen zusätzliche staatliche Monopole.

Gaddafi stellt der Bevölkerung in einer vom Rundfunk übertragenen Rede[10] das neue direktdemokratische System vor. Volkskomitees und Volkskonferenzen sind dabei die tragenden Pfeiler. Die Basiszellen der Einheitspartei ASU werden nun für alle Libyer über 18 Jahre geöffnet. Sie werden in so genannte Basisvolkskonferenzen mit legislativen Funktionen umgewandelt. Hier sollen alle politischen Entscheidungen diskutiert werden. Diesen Basisvolkskonferenzen müssen alle drei Jahre gewählte exekutive Volkskomitees Rede und Antwort stehen. Hinzu kommen Berufsorganisationen, zu denen sich alle Arbeitnehmer zusammenschließen. Lokale Basisvolkskonferenzen, Volkskomitees und Berufsorganisationen schicken ihre Vertreter (ohne freies Mandat) in das nationale gesetzgebende Gremium, die so genannte Allgemeine Volkskonferenz. Diese mit einem Parlament zu vergleichende Versammlung tritt jährlich zusammen und fasst die lokalen Beschlüsse in nationale Gesetze. Zudem bestellt sie die nationale Regierung, das so genannte Allgemeine Volkskomitee. Im Januar 1976 nimmt die Allgemeine Volkskonferenz zum ersten Mal ihre Arbeit auf. Ganz Libyen wird mit Basisvolkskonferenzen und Volkskomitees überzogen. Diese Struktur prägt das politische Leben auf lokaler, regionaler und nationaler Ebene.

Die Volksdschamahirija

Auf einer Sondersitzung der Allgemeinen Volkskonferenz wird am 2. März 1977 die Umwandlung der libyschen Republik in einen »Staat der Volksmassen« beschlossen. Der revolutionäre Kommandorat, der die letzten acht Jahre den Ton angegeben hat, wird aufgelöst. Seine Kompetenzen gehen über an das Allgemeine Volkskomitee (Regierung) und an die Allgemeine Volkskonferenz (Parlament). Deren Organisationsspitze, das Generalsekretariat, wird neue Heimat der ehemaligen Mitglieder des Kommandorats. Über diese Institution halten Gaddafi und seine Führungsmannschaft weiterhin die Machthebel in Politik und Gesellschaft fest in der Hand.

Auf derselben Sitzung wird die »Volksdschamahirija« ausgerufen. Dieser Begriff ist eine Neuschöpfung Gaddafis. Demnach üben die Massen (arabisch »Dschamahir«) ihre Herrschaft über ein System von Volkskonferenzen und Volkskomitees aus – ohne Inanspruchnahme oder Intervention einer Regierung.

Der neue Name Libyens lautet von nun an »Sozialistische libysche arabische Volksdschamahirija«. Mit sozialistisch hat Gaddafi nicht etwa die Nähe zu den kommunistischen Staaten des Ostblocks im Sinn. Von deren Ideologie hat er sich stets abgegrenzt. Ins Auge gefasst sind vielmehr die Ziele der wirtschaftlichen Gleichheit und sozialen Gerechtigkeit auf der Grundlage des Islams. Die arabische Komponente wird weiterhin wie zu Zeiten der Republik betont. Libyen versteht sich als Teil der arabischen Nation und verfolgt das Ziel eines einheitlichen arabischen Staates.

Die Unantastbarkeit der Revolution

Der politisch-institutionelle Gestaltungswille Gaddafis ist aber längst noch nicht erschöpft. Denn alsbald machen ihm auch die neuen Institutionen zu schaffen. Das altbekannte Lied: Von einer erfolgreichen Mobilisierung der Bevölkerung kann noch nicht die Rede sein. Bescheiden sind etwa die Anwesenheitsraten in den Basisvolkskonferenzen. Zum Teil erscheinen nicht einmal zehn Prozent der Mitglieder.

Bereits 1976 spricht Gaddafi von der Notwendigkeit einer revolutionären Avantgarde, um der Bevölkerung Beine machen zu können. Ab November 1977 entstehen so genannte Revolutionskomitees. Von ihnen ist im Grünen Buch allerdings keine Rede. Im Laufe der Jahre 1978 und 1979 breiten sich überall im Land Revolutionskomitees aus. Sie gründen sich in staatlichen Institutionen, Volkskonferenzen und Volkskomitees. Ihr offizieller Auftrag lautet: die Massen mobilisieren und dazu anleiten, ihre Herrschaft auszuüben. Sie sollen etwa zur aktiven

Teilnahme an den Basisvolkskonferenzen auffordern sowie deren Führungsgremien anleiten. Sehr schnell entwickeln sie sich zur entscheidenden Stütze von Gaddafis Herrschaft. Denn bald konzentrieren sie sich auf die ihnen ebenfalls zugeteilte Aufgabe: die Revolution zu schützen und eine so genannte revolutionäre Überwachung auszuüben. Es sind vor allem junge Libyer, die das neue System bedingungslos unterstützen und Mitglieder der Revolutionskomitees werden. Das Regime rekrutiert sie vor allem nach dem Kriterium der revolutionären Inbrunst.

Gaddafis nächster Coup läutet die so genannte Trennung zwischen Herrschaft und Revolution ein. Denn ihm zufolge muss sich die Spitze der Revolution aus jeglicher Herrschafts- und Verwaltungstätigkeit heraushalten und sich allein auf die Revolution konzentrieren. Er selbst und die vier anderen Mitglieder des ehemaligen revolutionären Kommandorats treten abermals von ihren Ämtern zurück und dürfen sich von nun an mit dem offiziellen Titel »Revolutionsführung« schmücken.

Den Segen für die Trennung zwischen Herrschaft und Revolution erteilt eine Sondersitzung der Allgemeinen Volkskonferenz am 2. März 1979 – also zwei Jahre nach Ausrufung der Dschamahirija. Von diesem Tage an führt Gaddafi den offiziellen Titel »Revolutionsführer«.

Damit besteht das direktdemokratische System Libyens aus zwei Säulen: dem Herrschaftsbereich und dem Revolutionsbereich. Während die Arbeit der Volkskonferenzen und Volkskomitees im ersten Bereich gesetzlich geregelt ist, wirkt der Revolutionsbereich frei von jeglicher gesetzlicher Fessel. Er setzt sich aus der Revolutionsführung mit Gaddafi an der Spitze sowie den überall im Lande präsenten Revolutionskomitees zusammen.

Eine Opposition darf sich nur in den engen Grenzen des Gefüges der Volkskonferenzen und Volkskomitees bewegen. Artikuliert sie sich jenseits des vorgegebenen Rahmens, so wird sie von Gaddafi auf dieselbe Stufe gestellt wie eine »Opposition gegen Freiheit und Unabhängigkeit«.[11] Solchem Widerstand gegen das direktdemokratische System wird der Garaus gemacht. Einerlei, ob »der Feind der Revolution« sich innerhalb oder außerhalb des Landes aufhält, er wird dasselbe Schicksal erleiden. Sollten Dissidenten keine »Feinde des Volkes« sein, dann müssen sie ihren Weg in die Heimat zurückfinden und sich einreihen in die Volkskomitees. Nur dort dürfen sie sich Gehör verschaffen. Hier liefert Gaddafi die ideologische Begleitmusik für eine in Gang gesetzte Liquidierungskampagne im In- und Ausland. Mit den Exzessen der Revolutionskomitees freilich, die zwischen 1980 und 1987 in Kampagnen gegen »streunende Hunde« (Oppositionelle) Dutzende Libyer im Ausland ermorden, will der Revolutionsführer nichts zu tun haben. Im Gegenteil, diese Auswüchse kritisiert er und beruft sich im Übrigen auf seine Stellung als Revolutionsführer der libyschen Politik, der laut Verfassung weder über Amt noch Entscheidungsbefugnisse verfügt.

Diese regelmäßig eingenommene Pose der Machtlosigkeit nimmt zuweilen surrealistische Züge an.

Denn in Wahrheit sorgt die Trennung zwischen den Bereichen Herrschaft und Revolution dafür, dass Gaddafi seinen Willen uneingeschränkt durchsetzen kann. Über die ihm unterstehenden Revolutionskomitees nimmt er auf die Basisvolkskonferenzen Einfluss. Diese entwickeln sich zu seinem schlagkräftigsten Kontrollinstrument.

Die gesamte Revolutionsführung ist aufgrund »historischer und revolutionärer Legitimität« im Amt, kann weder gewählt noch zur Rechenschaft gezogen werden. Gaddafi verfügt über die höchste Entscheidungsgewalt, besitzt den Status der Unantastbarkeit. Eine freie politische Willensbildung bleibt demnach eine Illusion, da permanent intervenierende Revolutionskomitees dazwischenfunken können. Sie können beispielsweise missliebige Themen von der Tagesordnungsliste der Basisvolkskonferenzen streichen. Ein Dauerbrenner ist etwa der Unmut über Gaddafis kostspielige Politik gegenüber seinem südlichen Nachbarstaat Tschad. In dessen Territorium hatte der Revolutionsführer seine Truppen seit den frühen 1970er Jahren entsandt.

Der um Gaddafi betriebene Personenkult wird seiner wahren Machtstellung gerecht. Überdimensionierte Plakatwände prägen das Erscheinungsbild libyscher Straßen. Aber die Allgegenwärtigkeit von »Bruder Oberst« steht nicht nur für suggerierte Gefolgschaft. Seine Befürworter sind unter Aktiven in den Basisvolkskonferenzen und Volkskomitees zu finden. Als Nutznießer der Dschamahirija können sie die soziale Leiter erklimmen, deren Sprossen in einem anderen System für sie unüberwindbare Hürden wären. Zu ihnen gehören beispielsweise Frauen, die durch die libysche Bildungsrevolution gehen und denen berufliche Karrieren offen stehen. Berühmt geworden ist etwa die in der arabischen Welt einmalige Gründung einer Militärakademie für Frauen 1979 in Tripolis.

Mit der Ausrufung der Trennung zwischen Herrschaft und Revolution ist auch das Ende von Gaddafis politischer Innovationskraft, der Zenit seiner politisch-institutionellen Schaffensperiode erreicht. Die nächsten 25 Jahre werden Anpassungen bringen – in der Folge von Gaddafis Radikalisierung und außenpolitischer Isolierung, der zaghaften wirtschaftlichen Neuorientierung sowie der Rückkehr in die internationale Staatengemeinschaft. Die Änderungen werden sich jedoch nicht mehr auf die Grundstruktur des Systems beziehen. Sämtliche Entwicklungen spielen sich vor dem Hintergrund der zwischen 1973 und 1979 festgelegten Koordinaten ab. Etwa die 1987 vorgenommene Beschneidung der Macht der Revolutionskomitees als Konsequenz ihrer Exzesse zwischen 1980 und 1986. Oder eine bescheidene wirtschaftliche Liberalisierung im selben Jahr sowie die in den 1990er Jahren vorgenommene Stärkung der wirtschaftlichen Selbstständigkeit der einzelnen Regionen.

Ein Jahrzehnt der Experimente

1971 Vorarbeit – Gründung der Einheitspartei Arabische Sozialistische Union (ASU).

1972 Gaddafi stellt seine Dritte Universale Theorie vor.

1973 15. April: Startschuss und grünes Licht für die Volksrevolution auf der Grundlage der Dritten Universalen Theorie.

Mai bis November: Entstehung von mehr als 1000 Volkskomitees landesweit.

1975 Gaddafi präsentiert den ersten Teil seines Grünen Buches. In der ideologischen Handlungsanleitung für das neue politische Gefüge fasst er seine Ideen über Volksherrschaft und die Lösung des »Demokratieproblems« zusammen. Die weiteren Teile der Kurzfassung seiner Dritten Universalen Theorie erscheinen 1977 (der ökonomische Aspekt) und 1979 (der soziale Aspekt).

1976 Der Aufbau der neuen Institutionen wird abgeschlossen. Damit verliert die 1971 gegründete Einheitspartei ihre Bedeutung.

1977 2. März: Proklamation der Volksherrschaft und Ausrufung der Sozialistischen libyschen arabischen Volksdschamahirija. Der revolutionäre Kommandorat wird aufgelöst.

November: Gründung der Revolutionskomitees aus Gaddafi loyalen Regimeanhängern. Diese im Grünen Buch nicht erwähnten Organisationen sollen die Massen für die Dschamahirija mobilisieren. Sie entwickeln sich zum Fundament der Herrschaft Gaddafis.

1979 2. März: Proklamation der Trennung zwischen Herrschaft und Revolution. Im ersten Bereich des direktdemokratischen Systems wirken Volkskonferenzen und Volkskomitees auf lokaler, regionaler und nationaler Ebene. Ihre Arbeit ist gesetzlich geregelt. Der zweite Bereich besteht aus Revolutionskomitees und Revolutionsführung (die noch verbliebenen Mitglieder des ehemaligen Kommandorats) mit Gaddafi an der Spitze. Diese Organe können weder gewählt noch abgesetzt werden. Sie üben ihre Funktion per »revolutionärer Legitimation« aus. Gaddafi trägt den offiziellen Titel eines Revolutionsführers. Seine Position gleicht einem unverrückbaren politischen und ideologischen Gravitationszentrum.

1981 Gründung des Weltzentrums zum Studium des Grünen Buches, einer Organisation zur Verbreitung der Ideologie Gaddafis im In- und Ausland.

GADDAFI UNTER DRUCK

Regionale Isolation

Im März 1979 unterzeichnen Ägypten und Israel einen von den USA vermittelten Friedensvertrag. Spätestens jetzt wird Gaddafis politischer Albtraum Wirklichkeit. Ägypten, aus seiner Sicht das einstige Symbol der arabischen Einheit, hat sich nach dem Oktoberkrieg 1973 in wenigen Jahren zum Auslöser der arabischen Spaltung entwickelt. Der Nilstaat geht nun endgültig an das von den USA geführte Lager verloren.

Der eigentliche Sündenfall ereignet sich zwei Jahre zuvor, als der ägyptische Präsident Sadat im November 1977 eine Friedensrede im israelischen Parlament in Jerusalem hält. Nur wenige Tage später formiert sich auf libysche Initiative hin eine Anti-Sadat-Front. Sie besteht aus Algerien, Libyen, Südjemen, Syrien sowie der palästinensischen Befreiungsorganisation PLO und bezeichnet sich als »Front der Standfestigkeit und Konfrontation«. Die Front verurteilt den »verräterischen Charakter direkter Kontakte mit Israel«, »die Missachtung der arabischen Solidarität«, »die exklusive Bindung an die USA« sowie »die Vorbereitungen für einen Separatfrieden« zwischen Ägypten und Israel.

Das endgültige Ausscheren Ägyptens aus der gemeinsamen Front gegen Israel nimmt Gaddafi als gravierende Änderung des regionalen Machtgleichgewichts und Bedrohung der libyschen Sicherheit wahr. Die Politik der USA ist für ihn ein Versuch, die Ressourcen der Region unter Kontrolle zu bringen und Israel zu stärken. Regelmäßig ruft er daher »zum Sturz des verräterischen Regimes in Ägypten« und zur Opposition gegen die »Agenten des amerikanischen Imperialismus« auf. Wo er nur kann, wirft Gaddafi Sand in das regionalpolitische Getriebe der USA und fordert sie auch weltweit heraus. Er unterstützt alle, die sich im Clinch mit der Weltmacht befinden – das reicht bis zu den im fernen zentralamerikanischen Nicaragua regierenden Sandinisten.

Gaddafi entwickelt sich vor allem zum Störfaktor gegen amerikanische Ziele im Nahen Osten. US-Vorstellungen von einem arabisch-israelischen Frieden bekämpft er. Radikalen palästinensischen Kräften, die gegen eine Verhandlungslösung sind, bietet er Heimat und finanzielle sowie logistische Unterstützung. Regelmäßig fordert er die arabischen Erdölstaaten auf, sich in eine Front gegen die USA einzureihen. Er ist in zahlreiche Destabilisierungsversuche seiner mit den USA verbündeten Nachbarn verwickelt, etwa in die Unterstützung tunesischer Rebellen 1980.

Auf der anderen Seite fühlt sich Gaddafi selbst von Feinden regelrecht eingekreist: im Osten von Ägypten und Sudan (US-Verbündete), im Süden vom Tschad (Frankreichs Verbündeter) und im Westen von Tunesien (ebenfalls von Frankreich unterstützt). Der Hauptfeind bleiben jedoch die USA, wobei Gaddafi sehr darauf bedacht ist, keine allzu großen Interessenkonflikte mit Westeuropa, dem wesentlichen Handelspartner Libyens, aufkommen zu lassen.

Aus seiner Umzingelung versucht er auszubrechen, da sie seinen politischen Handlungsspielraum einzuengen droht. Die wachsende Zahl seiner Feinde bekämpft Gaddafi mit den ihm eigenen Mitteln und setzt auf neue Bündnispartner. Dabei geht er auch pragmatisch vor und verlässt die ideologisch reine Lehre. Ein Beispiel dafür ist seine Allianz mit König Hassan von Marokko. Das ungleiche Paar – hier Revolutionär, dort Monarch – führt die aus Libyen und Marokko bestehende so genannte arabisch-afrikanische Union zwischen 1984 und 1986 an.

Richtschnur der libyschen Politik bleiben die steten Abwehrversuche ausländischer Einflussnahme. Kein Staat in der Region darf Gaddafis Aktionsraum gefährden – einerlei, ob es sich zum Beispiel um Ägypten, den Neuzugang auf seiner Liste der Feinde, um den Erzfeind USA oder um andere Länder handelt. Zuckerbrot (politische Unterstützung, ökonomische Hilfe, Geldgeschenke, Unterlassung oder Rücknahme der Unterstützung von Oppositionsgruppen) und Peitsche (Propaganda, Subversion, Sabotage, Unterstützung von Regimegegnern, terroristische Aktionen) setzt Gaddafi ein, um sie aus der libyschen Politik fern zu halten oder auf seine Linie zu bringen. Die Gefährdung der nationalen Sicherheitsinteressen Libyens setzt er dabei mit der Infragestellung seiner Machtposition gleich. Libysche Dissidenten und Gegner duldet er zu Hause ebenso wenig wie im Ausland.

Jagd auf Dissidenten

In Scharen setzt sich die libysche Opposition in die Nachbarländer ab, nach Westeuropa und in die USA. Dort wird 1981 die gegen Gaddafi gerichtete »Nationale Front zur Rettung Libyens« gegründet.

Die Umsetzung der ideologischen Vorgaben des zweiten Teils des Grünen Buches, der ökonomischen Leitlinien, ab 1979 zwingt Unternehmer, Händler und Immobilienbesitzer zum Auswandern. Gegen die konsequent betriebene sozialistische Umgestaltung der Wirtschaft – etwa die Abschaffung des privaten Handels – können sie im Land selbst nichts mehr tun. Denn in allen Schlüsselpositionen von Politik und Gesellschaft halten inzwischen Gaddafi loyale Revolutionskomitees das Zepter in der Hand. Sie setzen Gaddafis Direktiven um und sind etwa mit der Überführung der privaten Unternehmen in Volkseigentum betraut. Und sie machen Jagd auf Oppositionelle im In- und Ausland. Die erste Kampagne gegen so genannte »streunende Hunde« (Liquidierung von Dissidenten) startet 1980, eine zweite im Jahr 1984. Dutzende Menschen fallen ihr zum Opfer.

Eskalation im Konflikt mit den USA

Immer weiter nach oben dreht sich die Spirale der amerikanisch-libyschen Feindschaft. Im Mai 1980 weisen die USA einige libysche Diplomaten aus. Sie werden verdächtigt, in den Vereinigten Staaten lebende libysche Oppositionelle zu drangsalieren. Im Laufe des

Jahres 1980 werden Libyer in London, Mailand, Rom, Athen und Malta ermordet. Ihre eigene Botschaft in Tripolis schließen die USA im Februar 1980, nachdem libysche Studenten sie drei Monate zuvor in Brand gesteckt hatten.

In Gaddafi sieht die vom Präsidenten Ronald Reagan geführte US-Regierung die Personifizierung der Grundübel der Weltpolitik zu Beginn der 1980er Jahre: Das sind in ihren Augen die Expansionsgelüste der Sowjetunion und der internationale Terrorismus. Demnach sind sowjetische Militärberater und Waffenlieferungen aus Russland ein Beweis für den Status Gaddafis als Stellvertreter Moskaus. Dass sein Land sich terroristisch betätigt, gilt in den USA als Binsenweisheit.

Im Mai 1981 werden die diplomatischen Beziehungen zwischen beiden Staaten abgebrochen. Die Zeichen stehen endgültig auf Sturm, als amerikanische Kampfflugzeuge Mitte August 1981 zwei libysche Maschinen sowjetischer Bauart über dem Golf von Sirt (vor der Küste Libyens) abschießen.

Die von den USA betriebene Destabilisierung des Gaddafi-Regimes ist nun beschlossene Sache.[12] Verdeckte Operationen, die Unterstützung von Dissidenten sowie eine Desinformationskampagne sollen helfen, ihn zu entmachten. In der westlichen Presse gezielt gestreute Berichte begleiten die Anti-Gaddafi-Kampagne. Die Leitthemen sind: »der Verrückte«, »der Stellvertreter Moskaus«, »die Hauptquelle des internationalen Terrorismus«, »der repressive Herrscher«.

So wird im Westen der Grundstein gelegt für das Feindbild »Gaddafi«. In der Öffentlichkeit und in den Medien gilt der Revolutionsführer als Unruhestifter, Terrorpate und machtbesessener ideologischer Eiferer, seine Schritte scheinen keinerlei Logik zu folgen – außer derjenigen, Unmut und Empörung zu erregen. In der amerikanischen Öffentlichkeit wird Gaddafi immer mehr zur Hassfigur und zur Ikone des Bösen. Man macht ihn verantwortlich für eine Reihe terroristischer Attacken gegen US-Bürger und Militäreinrichtungen in Europa und im Nahen Osten.

Reagan-Kritiker in den USA geben zu bedenken, dass diese Politik Gaddafi erst recht in die Hände der Sowjetunion treiben wird. Sie bezweifeln, dass dem nationalen Interesse der USA damit gedient ist. Die Europäer bemängeln, dass seine Bedeutung überbetont wird, auch wenn sie mit seiner Politik nicht einverstanden sind. So verurteilen sie beispielsweise seine Militärintervention im Tschad 1980 oder die Liquidierung libyscher Dissidenten.

Im Dezember 1985 verübt die radikale palästinensische Abu-Nidal-Gruppe Attentate auf die Flughäfen in Rom und Wien. 25 Menschen sterben, darunter fünf US-Bürger. Die Reagan-Regierung verdächtigt Gaddafi als Drahtzieher der Anschläge, obwohl die Beweislage nicht hundertprozentig ist. Unbestreitbar ist jedoch, dass die Terrorgruppe ihre Basis in Libyen und Syrien aufgeschlagen hatte und im Dienst zahlreicher Auftraggeber stand.

Gaddafi gießt Öl ins Feuer, als er im März 1986 Gastgeber einer internationalen Konferenz für den

»Kampf gegen Imperialismus, Zionismus, Rassismus und Faschismus« ist. Über 700 Organisationen, Parteien und Bewegungen aus aller Herren Länder nehmen daran teil. Gaddafi wird zum »Führer der Weltrevolution der progressiven Kräfte« gewählt.

Am 5. April 1986 sterben bei einem Anschlag auf die überwiegend von US-Soldaten besuchte West-Berliner Diskothek »La Belle« zwei US-Soldaten und eine Türkin. 230 Menschen werden verletzt. Zu dem Attentat bekennen sich zunächst mehrere Terrorgruppen. Aufgrund einer abgehörten Mitteilung der libyschen Botschaft in Ost-Berlin schließen die USA auf eine Beteiligung Libyens. Reagan gibt daraufhin grünes Licht für einen Militärschlag.

In der Nacht vom 14. auf den 15. April 1986 werden Ziele in Tripolis und Benghazi angegriffen. In den USA macht sich die lange aufgestaute Wut über Attentate auf Amerikaner in einem Taumel der Begeisterung Luft. Ziel der Strafaktion ist es, den »tollwütigen Hund« – so Reagan über Gaddafi – zur Rechenschaft zu ziehen. Etwa 100 libysche Zivilisten sterben oder werden verletzt, Gaddafis Adoptivtochter kommt ums Leben.

Die meisten Regierungen in Europa reagieren zurückhaltend auf den Militärschlag. Jedoch weisen sie mehrere libysche Diplomaten aus. Auf dem Weltwirtschaftsgipfel in Tokio im Mai 1986 erwähnen die Teilnehmer in einer Resolution gegen den Terrorismus Libyen namentlich.

Afrikanische und arabische Regierungen verurteilen die Militäraktion. Die Blockfreienbewegung bezeichnet die US-Angriffe bei einem Treffen mit Gaddafi als »völlig ungerechtfertigt« und als eine »bösartige Aggression«. In einer Fernsehrede weist Gaddafi selbst die Vorwürfe einer Unterstützung des Terrorismus zurück und kündigt an, seinen »Kampf für die Weltrevolution« fortzusetzen.

Letzten Endes führt die US-Aktion dazu, das Bild des »Terroristen Gaddafi« in Medien und Öffentlichkeit des Westens zu festigen. Eine Änderung seiner Politik bewirkt sie jedoch nicht.

Zaghafte Liberalisierung

Eine Demütigung auf afrikanischem Terrain muss Gaddafi im September 1987 hinnehmen. Regelmäßig hatte sich Libyen in den seit den 1960er Jahren tobenden Bürgerkrieg im Tschad eingemischt und dabei die unterschiedlichsten Konfliktparteien unterstützt. Nun dringen gegnerische tschadische Truppen bis in das libysche Territorium vor und nehmen einen südlichen Luftwaffenstützpunkt ein. Dieser Kampf kostet mehr als 1500 libyschen Soldaten das Leben.

Zudem engen sinkende Einnahmen aus dem Erdölexport (1987: 6 Milliarden US-Dollar, 1980: 20 Milliarden US-Dollar) den finanziellen Spielraum für kostspieligen Expansionismus ein. Die weltweite wirtschaftliche Krise 1985/1986 wirkt sich auch auf die Versorgung der libyschen Bevölkerung aus. Der Staat muss sparen und die Ausgaben auch für Importgüter und den sozialen Bereich reduzieren. Unmut breitet sich in der Bevölkerung auch über die Exzesse der Revolutionskomitees aus, da diese jegliche Äußerung von politischer Kritik unterdrücken.

Gaddafi zieht daher die Notbremse und stellt die Revolutionskomitees unter straffe Kontrolle eines neu geschaffenen Ministeriums für Mobilisierung und revolutionäre Führung. Außerdem lockert er den ideologischen Zugriff auf die Wirtschaft. Die staatlichen Supermärkte mit ihren leeren Regalen schließen 1988, Privatunternehmen im Kleinhandel blühen wieder auf. Das staatliche Außenhandelsmonopol wird aufgehoben, in Massen pilgern die Libyer zum Einkaufen nach Tunesien.

Um die Rechte der Bürger verfassungsmäßig zu verankern, wird in Gegenwart der Menschenrechtsorganisation Amnesty International im Juli 1988 eine so genannte »Grüne Charta der Menschenrechte im Zeitalter der Volksmassen« feierlich verabschiedet. An den Grundpfeilern der Volksdschamahirija und der tragenden Rolle der Revolutionskomitees ändert sich jedoch nichts. Denn die Rechte des Einzelnen enden dort, wo die »Interessen der Revolution« berührt werden. Außerdem bleiben Einklagemöglichkeiten stark eingeschränkt.

Neben einer zaghaften innenpolitischen und wirtschaftlichen Liberalisierung bemüht sich Gaddafi auch um eine Wiedereingliederung seines Landes in die arabische Welt, vor allem um eine Annäherung an Ägypten. 16 Jahre ist er seinem östlichen Nachbarn ferngeblieben, hat dessen Palästinapolitik bekämpft. Im Oktober 1989 kommt Gaddafi mit dem ägyptischen Präsidenten Hosni Mubarak zusammen. Die

Eiszeit in den Beziehungen zwischen beiden Staaten ist zu Ende. Fortschritte erzielt Gaddafi in der Zusammenarbeit mit seinen westlichen Nachbarn. Libyen wird Mitglied der im Februar 1989 gegründeten regionalen Organisation Arabische Maghreb-Union.

RÜCKKEHR IN DIE STAATENGEMEINSCHAFT

Die Lockerbie-Schlinge

1991 und 1992 wendet sich das Blatt dramatisch zu Ungunsten Libyens und seines Revolutionsführers. Zum einen verliert er durch den Zusammenbruch des Ostblocks und die Auflösung der Sowjetunion das weltpolitische Gegengewicht zu den USA. Und zum anderen geraten zwei libysche Agenten in den Verdacht, hinter dem Anschlag auf ein amerikanisches Passagierflugzeug über dem schottischen Lockerbie am 21. Dezember 1988 zu stehen. Bei dem Attentat waren 270 Menschen ums Leben gekommen.

Obwohl die schottischen Ermittlungen zunächst in die iranische und syrische Richtung deuten, konzentriert sich die Anklage recht bald auf zwei Agenten des libyschen Geheimdienstes. Sie werden beschuldigt, den Anschlag als Rache für den US-Angriff auf Libyen im April 1986 verübt zu haben.

Im November 1991 verlangen die USA und Großbritannien die Auslieferung der zwei Verdächtigen in eines ihrer Länder. Libyen weist das Auslieferungsbegehren zurück und bietet eine Gerichtsverhandlung auf eigenem Boden oder vor dem Internationalen Gerichtshof in Den Haag an. Sowohl die USA als auch Großbritannien lehnen ab. Unter ihrer Federführung verhängt der Sicherheitsrat der Vereinten Nationen 1992 und 1993 ein Luftverkehrs-, Technologie- und Waffenembargo gegen Libyen, um das Land zur Auslieferung der beiden Agenten zu zwingen. Außerdem wird Libyen für den Absturz einer französischen Verkehrsmaschine über dem Niger 1989 verantwortlich gemacht.

Das Land wird nun international isoliert, Gaddafi zum Aussätzigen der Weltgemeinschaft gestempelt. Zwölf Jahre werden vergehen, ehe die Rückkehr Libyens in die internationale Staatengemeinschaft besiegelt sein wird und Gaddafi seinen Paria-Status endgültig verliert.

Nachdem er sich sieben Jahre lang geweigert hatte, stimmt Gaddafi schließlich der Auslieferung der unter Verdacht stehenden Landsleute zu. Die beiden Agenten werden am 5. April 1999 den Vereinten Nationen übergeben. Diese Entscheidung markiert den Schlusspunkt hinter einer langen Reihe von Schritten hin zu einer pragmatischen Politik, die auf Kooperation mit den internationalen Behörden setzt. Sogleich stellt die Auslieferung den Willen Gaddafis unter Beweis, Libyen vollständig in die internationale Staatengemeinschaft zu integrieren.

Für die lange Dauer dieses Entscheidungsprozesses sind nicht nur Gaddafis Gegner verantwortlich. Zwar setzen ihm seine alten Quälgeister zu: Die USA trommeln für immer schärfere Wirtschaftssanktionen der Weltgemeinschaft. Sie selbst halten seit 1986 ein umfassendes Wirtschaftsembargo gegen das nordafrikanische Land aufrecht und arbeiten letztlich auf eine Entmachtung Gaddafis hin. Es ist jedoch auch Gaddafi selbst, der diese Entwicklung in die Länge zieht und dem Druck des Sicherheitsrates trotzt. Denn die Auslieferungsbedingungen will er so bestimmen, dass dabei weder ein Gesichtsverlust noch die Preisgabe libyscher Interessen drohen. Um aus der Lockerbie-Falle herauszukommen, setzt Gaddafi auf Verbündete, auf die arabische, afrikanische und europäische Karte.

Arabische Sackgasse – afrikanische Türöffner

Im Hintergrund wirken Ägypter, Saudis und Südafrikaner, um zwischen Großbritannien und den USA auf der einen und Libyen auf der anderen Seite zu vermitteln. Ägyptens Präsident Mubarak versucht in Gesprächen mit westlichen Staatschefs, Verständnis zu wecken für die libysche Position, seine zwei Bürger in einem neutralen Land vor Gericht stellen zu lassen. Zudem soll nach libyscher Auffassung der Prozess allein der Anklage gegen die zwei Agenten und dem Anschlag auf das Verkehrsflugzeug gelten. Gaddafi fürchtet sich davor, an den Pranger gestellt zu werden.

Eine zentrale Rolle in Gaddafis Kalkül und Auslieferungsentscheidung spielt der südafrikanische Präsident Nelson Mandela. Am 22. Oktober 1997 besucht Mandela Gaddafi und bedankt sich in einer international aufmerksam verfolgten Rede für die Unterstützung Libyens im Kampf gegen den Apartheidstaat.

Der Friedensnobelpreisträger, ein Mann von hoher internationaler moralischer Reputation, verleiht dem international Geächteten einige Tage später den höchsten Orden Südafrikas und nennt ihn einen Waffenbruder im Kampf für Freiheit und gegen Unterdrückung. Mandela schließt sich der libyschen Forderung nach einer Gerichtsverhandlung auf neutralem Boden an. Unter dem moralischen Schirm Mandelas kann Gaddafi ohne Gesichtsverlust der Auslieferung der zwei libyschen Staatsbürger zustimmen.[13]

Nach langem Hin und Her, Manövrieren und Taktieren einigen sich alle Konfliktparteien auf eine Verhandlung vor einem schottischen Gericht in einem neutralen Land (Holland). Unmittelbar nach der Übergabe der zwei Verdächtigten setzen die Vereinten Nationen am 5. April 1999 ihre Sanktionen aus.

Das Engagement der Arabischen Liga bleibt weit hinter den Erwartungen Gaddafis zurück und bringt nicht jenes Kunststück fertig, das der Organisation Afrikanische Einheit (OAU) als Solidaritätsbekundung gelingt: vor Aufhebung des Embargos die Sanktionen einseitig zu unterlaufen. Ende August 1998 ruft die OAU ihre Mitglieder auf, die Sanktionen vom 1. September 1998 an für den Fall zu missachten, dass die USA und Großbritannien sich einer Gerichtsverhandlung in einem neutralen Land widersetzen sollten. Ganz bewusst verletzen am 5. September 1998 fünf afrikanische Staatschefs das Luftverkehrsembargo und nehmen gemeinsam mit Gaddafi an den Feierlichkeiten zum Jahrestag der Septemberrevolution teil. Ende September 1998 trifft sich Gaddafi mit Staatschefs im Rahmen der von ihm initiierten Gemeinschaft der Sahara-Sahel-Staaten. Gründungsmitglieder dieser regionalen Organisationen sind neben Libyen Burkina Faso, Mali, Sudan und der Tschad.

Diese offene Solidarität bestärkt Gaddafis Umorientierung der libyschen Außenpolitik in Richtung Afrika. Von nun an tritt der arabische Nationalismus in den Hintergrund, wird der afrikanische Kontinent zu seinem neuen Bezugsrahmen.

Seine Bemühungen um eine Belebung der pan-afrikanischen Idee, sein Anstoß zur Gründung der afrikanischen Union – 2002 wird die Organisation im südafrikanischen Durban gegründet – zeugt von der Rolle, die Gaddafi für sich und sein Land beansprucht.

Parallel zur Stärkung seiner afrikapolitischen Position bereinigt Gaddafi die innenpolitische Front. Denn immer heftiger zeigt sich die islamistische Herausforderung in den 1990er Jahren. Mord an Polizisten, Offizieren und Soldaten, Festnahmen, Straßenschlachten und Gefechte zwischen Sicherheitskräften und Islamisten beherrschen die zweite Hälfte des Jahrzehnts.

Gaddafi lässt den Staat hart gegen die diversen Gruppen vorgehen und sie unerbittlich bekämpfen. Zahlreiche Menschenrechtsverletzungen gehen in diesem Zusammenhang auf das Konto des Regimes. In der Region erwirbt sich Gaddafis Libyen den Ruf eines »Bollwerks gegen den Islamismus«.

1998 erreicht das Land eine Stabilität, die politische Verwerfungen im Falle einer Auslieferung unwahrscheinlich macht. Gaddafi entschließt sich, seine zwei Landsleute auszuliefern. Um die unter den Sanktionen (etwa 25 Milliarden US-Dollar) erlittenen Verluste wettzumachen, sind jedoch Geländegewinne auf der europäisch-westlichen Seite notwendig.

Der neue Gaddafi?

Als ein Geschenk des Himmels kommt eine Geiselaffäre auf der philippinischen Insel Jolo, auf der auch westliche Geiseln festgehalten werden. Gaddafi kann seine Abkehr vom Terrorismus sowie Kooperationsbereitschaft eindrucksvoll unter Beweis stellen. Denn es sind seine alten Kontakte zur »nationalen Moro-Befreiungsfront«, die letztlich zur Freilassung der Geiseln im September 2000 führen. Gaddafi hat seinen großen Medienauftritt als Retter in der Not.

Nach den Anschlägen vom 11. September 2001 reiht er sich sehr schnell in die Antiterrorkoalition ein und bietet libysche Geheimdiensterkenntnisse über radikale Islamisten an.

Nachdem Einigungen über Zahlungen in Milliarden-Höhe an die Hinterbliebenen der beiden Flugzeuganschläge (Lockerbie, Niger) erzielt werden, hebt der UN-Sicherheitsrat 2003 die bereits seit 1999 ausgesetzten Sanktionen endgültig auf.

Als Ergebnis seiner jahrelangen Bemühungen um eine Annäherung an den Westen gibt der Libyer im Dezember 2003 bekannt, in Zukunft auf seine Massenvernichtungswaffen verzichten und sein bestehendes chemisches und atomares Potenzial vernichten zu wollen.

Im April 2004 empfängt der damalige Präsident der EU-Kommission Romano Prodi den Revolutionsführer in Brüssel. Es ist Gaddafis erster Europa-Besuch seit 15 Jahren. Die libyschen Kompensationszahlungen an Opfer des Anschlags auf die Berliner

Diskothek »La Belle« (1986) und die Reise des Bundeskanzlers Gerhard Schröder nach Libyen Mitte Oktober 2004 markieren weitere Schritte auf dem Weg der Annäherung zwischen dem nordafrikanischen Staat und Europa. Ende Juni 2004 erfolgt die Wiederaufnahme diplomatischer Beziehungen zu den USA. Ein Kapitel harmonischer Geschichte zum beiderseitigen Nutzen scheint zu beginnen. Zweifellos auf wirtschaftlichem Gebiet. Denn Libyen zählt zu den wichtigsten Öl- und Gaslieferanten – vor allem Europas. In der libyschen Ölindustrie besteht ein enormer Investitionsbedarf, europäischen Unternehmen winken Milliardenaufträge.

Die Wirtschaft modernisieren und gleichzeitig Politik und Gesellschaft unter seiner autoritären Hand halten – diesen Weg schlägt Gaddafi ein. Zumal er weiß, dass vorbildliche ökonomische Zusammenarbeit und Kooperation in der Terrorismusbekämpfung das politische Auge der Europäer und Amerikaner trüben und den Druck auf politische Reformen verringern wird.

Als klares Signal für die ökonomische Liberalisierung ist Gaddafis Entscheidung im Sommer 2003 zu werten, einen ausgewiesenen Wirtschaftsreformer auf den Posten des Regierungschefs zu heben.

Auf zaghafte politische Reformschritte, vor allem im Menschenrechtsbereich, versteht sich Gaddafis erster Sohn aus zweiter Ehe, Seif al-Islam. Er leitete auch die Verhandlungen über Kompensationszahlungen an die Opfer diverser Anschläge.

Langfristig entspringt der Wunsch nach Annäherung an den Westen der Strategie Gaddafis, durch Zusammenarbeit mit Europa und den USA die eigene Machtstellung sichern zu können.

Politische Öffnung hin zu einem Mehrparteiensystem und einer repräsentativen Demokratie westlichen Zuschnitts lehnt er weiterhin ab. Sein Sohn Seif al-Islam, der als möglicher politischer Nachfolger gehandelt wird, setzt auf eine »gelenkte Demokratie«.

Einerlei, ob er sich wie in den ersten zwei Jahrzehnten seiner Herrschaft ideologisch orientiert oder wie in den letzten 15 Jahren pragmatisch ausrichtet, drei unverrückbare Konstanten durchziehen Gaddafis gesamtes politisches Leben: die eigene Machtposition aufrechterhalten, über das Schicksal des eigenen Volkes bestimmen sowie den Anspruch auf eine angemessene Rolle seines Staates im Konzert der Nationen umsetzen zu wollen. Schließlich will er in die Geschichte eingehen als Wegweiser für die direkte Demokratie und den Staat der Volksmassen.[14]

In der Praxis jedoch hat er seinen Untertanen eines der autoritärsten Regierungssysteme in der arabischen Welt beschert. Ein grundlegender politischer Wandel wird wohl nur Gaddafis Nachfolger gelingen können.

ANMERKUNGEN

1 Zum Folgenden siehe al-Saadany, Salah: *Egypt and Libya from inside, 1969–1976. The Qaddafi revolution and the eventual break in relations, by the former Egyptian ambassador to Libya*, Jefferson: McFarland 1994, S. 8ff. Saadany ist Mitglied der ersten ägyptischen Delegation gewesen, die Libyen einen Tag nach Beginn der Septemberrevolution besucht hat.

2 Siehe Bianco, Mirella: *Kadhafi. Der Sohn der Wüste und seine Botschaft*, Hamburg: Holsten 1975, S. 95f.

3 Siehe Mattes, Hanspeter: *Bilanz der libyschen Revolution. Drei Dekaden politischer Herrschaft Muammar al-Qaddafis*, Hamburg: Edition Wuqûf 2001, S. 36.

4 Zum Folgenden siehe al-Saadany, Salah: *Egypt and Libya from inside, 1969–1976,* a. a. O., S. 28ff.

5 Siehe al-Saadany, Salah: *Egypt and Libya from inside, 1969–1976,* a. a. O., S. 33ff.

6 Zitiert nach: Bianco, Mirella: *Kadhafi. Der Sohn der Wüste und seine Botschaft*, a. a. O., S. 7.

7 Siehe al-Fathaly, Omar/Palmer, Monte: *Political Development and Social Change in Libya*, Toronto: Lexington Books 1980, S. 60ff.

8 So Gaddafi in einem späteren Interview mit *Le Monde* im Februar 1976. Zitiert nach: François Burgat: *Qadhafi's »Unitary« Doctrine*, in: Lemarchand, René (Hg.): *The green and the black. Qadhafi's policies in Africa*, Bloomington: Indiana University Press 1988, S. 24.

9 Zitiert nach: Mattes, Hanspeter: *Bilanz der libyschen Revolution,* a.a.O., S. 47.

10 Die folgenden Ausführungen zum politischen System lehnen sich an die folgende Publikation an: Mattes,

Hanspeter: *Bilanz der libyschen Revolution,* a. a. O., S. 47ff.

11 Siehe al-Gaddafi, Muammar (Kadhafi, Mouammar): *Je suis un opposant à l'échelon mondial. Entretiens avec Hamid Barrada, Marc Kravetz, Mark Whitaker,* Lausanne: Favre 1984, S. 77ff.

12 Siehe St. John, Ronald Bruce: *Libya and the United States: Two Centuries of Strife,* Philadelphia: University of Pennsylvania Press 2002, S. 125.

13 Siehe Boyd-Judson, Lyn: »Strategic Moral Diplomacy: Mandela, Qaddafi, and the Lockerbie Negotiations«, in: *Foreign Policy Analysis* 1 (2005), S. 84.

14 al-Gaddafi, Muammar (Kadhafi, Mouammar)/Jouve, Edmond: *Dans le concert des nations: Libres propos et entretiens avec Edmond Jouve,* Paris: L'Archipel 2004, S. 112.

LITERATUR

Bianco, Mirella: *Kadhafi. Der Sohn der Wüste und seine Botschaft*, Hamburg: Holsten 1975.

Bleuchot, H.: *Chroniques et documents libyens (1969–1980)*, Paris: Editions du CNRS 1983.

Boyd-Judson, Lyn: »Strategic Moral Diplomacy: Mandela, Qaddafi, and the Lockerbie Negotiations«, in: *Foreign Policy Analysis* 1 (2005), S. 73–97.

Burgat, François: *La Libye*, Paris: Presses Universitaires de France 2003.

Faath, Sigrid/Mattes, Hanspeter: *Libyens Streben nach Wiedererlangung des vollen außenpolitischen Handlungsspielraumes*, Hamburg: Edition Wuqûf 2000.

al-Fathaly, Omar/Palmer, Monte: *Political Development and Social Change in Libya*, Toronto: Lexington Books 1980.

al-Gaddafi, Muammar: *Das Dorf, das Dorf, die Erde, die Erde und der Selbstmord des Astronauten*, München: Belleville 2004.

al-Gaddafi, Muammar (Kadhafi, Mouammar)/Jouve, Edmond: *Dans le concert des nations: Libres propos et entretiens avec Edmond Jouve*, Paris: L´Archipel 2004.

al-Gaddafi, Muammar (Kadhafi, Mouammar): *Je suis un opposant à l'échelon mondial. Entretiens avec Hamid Barrada, Marc Kravetz, Mark Whitaker*, Lausanne: Favre 1984.

al-Gaddafi, Muammar (al-Qaddafi, Muammar): *Das Grüne Buch*, Koblenz: Verlag Sigfried Bublies 1990.

Lemarchand, René (Hg.): *The green and the black. Qadhafi's policies in Africa*, Bloomington: Indiana University Press 1988.

Mattes, Hanspeter: *Libyen*, in: Nahostjahrbuch 1987ff., Opladen: Leske + Budrich 1988ff.

Mattes, Hanspeter: *Qaddafi und die islamistische Opposition in Libyen. Zum Verlauf eines Konflikts*, Hamburg: Deutsches Orient-Institut 1995.

Mattes, Hanspeter: *Bilanz der libyschen Revolution. Drei Dekaden politischer Herrschaft Muammar al-Qaddafis*, Hamburg: Edition Wuqûf 2001.

al-Saadany, Salah: *Egypt and Libya from inside, 1969–1976. The Qaddafi revolution and the eventual break in relations, by the former Egyptian ambassador to Libya*, Jefferson: McFarland 1994.

St. John, Ronald Bruce: *Historical dictionary of Libya*, London: Scarecrow Press 1998.

St. John, Ronald Bruce: *Qaddafi's world design. Libyan foreign policy, 1969–1987*, London: Saqi Books 1987.

St. John, Ronald Bruce: *Libya and the United States: Two Centuries of Strife*, Philadelphia: University of Pennsylvania Press 2002.

Vandewalle, Dirk (Hg.): *Qadhafis Libya, 1969–1994*, New York: St. Martin's Press 1995.

DER AUTOR

Hassan Sadek, geboren 1965 in Kairo, studierte in München Politikwissenschaft, Philosophie und Soziologie mit Schwerpunkt Nahoststudien. Er arbeitete mehrere Jahre als Fachzeitschriftenredakteur und befasst sich heute als freier Journalist vor allem mit den politischen Systemen und internationalen Beziehungen der Staaten Nordafrikas sowie des Nahen und Mittleren Ostens. Außerdem lehrt er Arabisch. Hassan Sadek lebt in München.

ZEITTAFEL

1911	Italienische Invasion Libyens
1942	Geburt von Muammar al-Gaddafi
1943	Britisch-französische Militäradministration Libyens
1951	Unabhängigkeit Libyens mit Mohammed Idris als König
1952	Sturz der ägyptischen Monarchie Gaddafi besucht die Volksschule in Sirt
1956	Gaddafi in der Schule in Sebha Erste revolutionäre Zelle
1961	Beginn des libyschen Erdölexports
1963	Schulabschluss in Misrata Eintritt Gaddafis in die Militärakademie von Benghazi
1964	Gründung des »Bundes der freien unionistischen Offiziere«
1969	1. September: Sturz des Königs, Einsetzung des Revolutionären Kommandorats Dezember: Begegnung mit Gamal Abd al-Nasser in Tripolis. Tripolis-Charta zwischen Ägypten, Libyen und Sudan Erste Heirat Gaddafis
1970	Ausweisung der italienischen Siedler. Räumung der amerikanischen und britischen Militärbasen
1971	Zweite Heirat Gaddafis Föderation der arabischen Republiken (Ägypten, Libyen und Syrien)
1972	Ägyptisch-libysche Union Vorstellung der Dritten Universalen Theorie
1973	Start der Volksrevolution

1974	Arabisch-islamische Republik (Libyen, Tunesien)
1975	Putschversuch gegen Gaddafi
1976	Veröffentlichung des ersten Teils des Grünen Buches
1977	März: Ausrufung der Sozialistischen libyschen arabischen Volksdschamahirija
	Juli: viertägiger ägyptisch-libyscher Grenzkrieg
	November: Gründung der Revolutionskomitees. Veröffentlichung des zweiten Teils des Grünen Buches
1979	März: Trennung zwischen Herrschaft und Revolution
	Juni: Veröffentlichung des dritten Teils des Grünen Buches
1980	Erste Kampagne gegen »streunende Hunde« (libysche Dissidenten) in Europa
	September: Libysch-syrische Union
1984	Zweite Kampagne gegen libysche Oppositionelle im Ausland
	August: Arabisch-afrikanische Union (Libyen, Marokko)
1986	US-Wirtschaftsembargo gegen Libyen
	15. April: US-Militärangriff auf Tripolis und Benghazi
1988	»Grüne Charta der Menschenrechte« in Libyen verabschiedet
	21. Dezember: Anschlag auf ein Verkehrsflugzeug über Lockerbie in Schottland
1989	Februar: Arabische Maghreb-Union (Algerien, Libyen, Marokko, Mauretanien, Tunesien)
	Oktober: Ägypten-Besuch Gaddafis nach 16 Jahren
1992	Sanktionen des UN-Sicherheitsrats gegen Libyen

1994	Beendigung des libysch-tschadischen-Konflikts
1998	Gemeinschaft der Sahara- und Sahelstaaten
2001	Urteil im Lockerbie-Prozess
2002	Gründung der Afrikanischen Union im südafrikanischen Durban
2003	September: Aufhebung der UN-Sanktionen Dezember: Verzicht Gaddafis auf Massenvernichtungswaffen
2004	April: erster Europabesuch Gaddafis seit 15 Jahren Juni: Wiederaufnahme der libysch-amerikanischen Beziehungen
2005	Ein Barrel Erdöl kostet über 50 US-Dollar. Auf 20 bis 30 Milliarden US-Dollar schätzen Experten Libyens Devisenreserven.

REGISTER